Das Beste von Wilhelm Busch

»Im Durchschnitt ist man kummervoll / Und weiß nicht, was man machen soll.« Wilhelm Busch zu lesen ist eine Möglichkeit, um sich aufzuheitern – und sicher nicht die schlechteste. Ob *Max und Moritz*, *Hans Huckebein, der Unglücksrabe*, *Die fromme Helene* oder *Fipps, der Affe*, sie alle bringen auch heute noch Jung und Alt zum Schmunzeln. Lustig, klug und immer voller Ironie, das sind die Bildergeschichten des beliebten Dichters und Zeichners, aber auch seine Gedichte sind voller Humor und Lebensweisheit.

Das Beste von Wilhelm Busch

Ausgewählte Werke

Herausgegeben von Gert Ueding

RECLAM

Diogenes
und die bösen Buben von Korinth

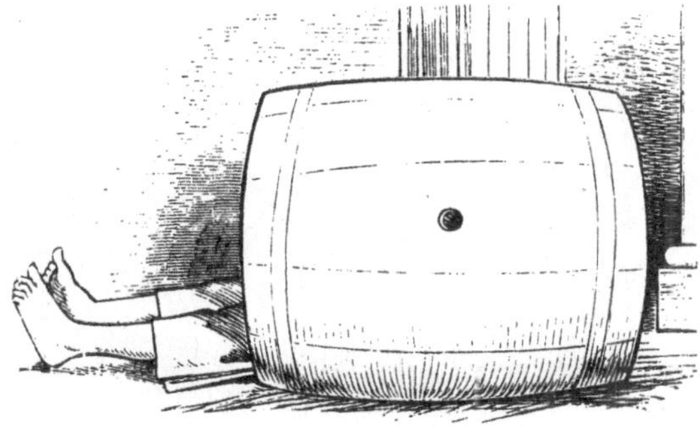

Nachdenklich liegt in seiner Tonne
Diogenes hier an der Sonne.

Ein Bube, der ihn liegen sah,
Ruft seinen Freund; gleich ist er da.

Nun fangen die zwei Tropfen
Am Fasse an zu klopfen.

Diogenes schaut aus dem Fass
Und spricht: »Ei, ei, was soll denn das!?«

Der Bube mit der Mütze
Holt seine Wasserspritze.

Er spritzt durchs Spundloch in das Fass.
Diogenes wird pudelnass.

Kaum legt Diogenes sich nieder,
So kommen die bösen Buben wieder.

Sie gehn ans Fass und schieben es;
»Halt, halt!«, schreit da Diogenes.

Ganz schwindlig wird der Brave. –
Passt auf! Jetzt kommt die Strafe.

Zwei Nägel, die am Fasse stecken,
Fassen die Buben bei den Röcken.

Die bösen Buben weinen
Und zappeln mit den Beinen.

Da hilft kein Weinen und kein Schrein,
Sie müssen unters Fass hinein.

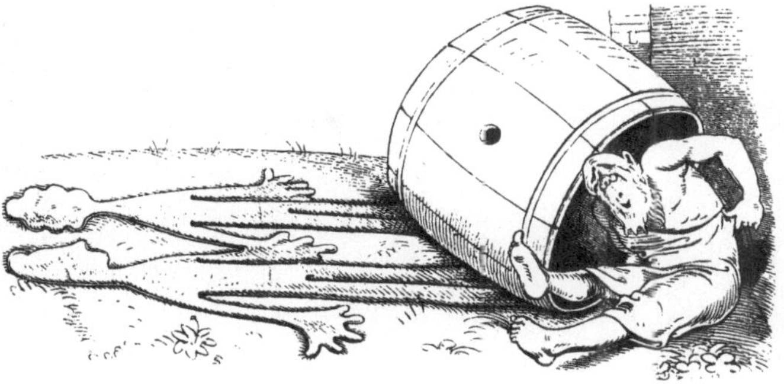

Die bösen Buben von Korinth
Sind platt gewalzt, wie Kuchen sind.

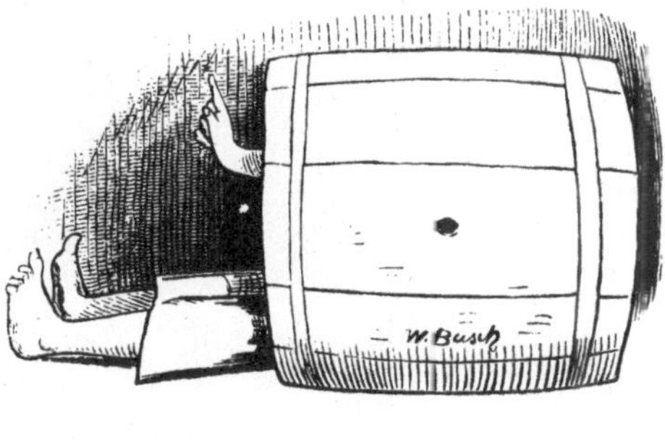

Diogenes der Weise aber kroch ins Fass
Und sprach: »Ja, ja, das kommt von das!!«

Der Eispeter

Eine Bilderposse

Als Anno 12 das Holz so rar,
Und als der kalte Winter war,

Da blieb ein jeder gern zu Haus;
Nur Peter muss aufs Eis hinaus.

Da draußen, ja, man glaubt es kaum,
Fiel manche Krähe tot vom Baum.

Der Onkel Förster warnt und spricht:
»Mein Peter, heute geht es nicht!«

Auch ist ein Hase bei den Ohren
Ganz dicht am Wege festgefroren.

Doch Peter denkt: Tralitrala!
Und sitzt auf einem Steine da.

Nun möchte Peter sich erheben,
Die Hose bleibt am Steine kleben.

Der Stoff ist alt, die Lust ist groß,
Der Peter reißt sich wieder los.

a, richtig! Ja, ich dacht es doch!
a fällt er schon ins tiefe Loch.

Mit Hinterlassung seiner Mütze
Steigt Peter wieder aus der Pfütze.

d schießt hervor, obschon noch klein,
Zacken Eis am Nasenbein.

Der Zacken wird noch immer besser
Und scharf als wie ein Schlachtermesser.

Der Zacken werden immer mehr,
Der Nasenzacken wird ein Speer.

Und jeder fragt: Was mag das sein?
Das ist ja wie ein Stachelschwein!

Die Eltern sehen nach der Uhr:
»Ach, ach! wo bleibt denn Peter nur?«

Da ruft der Onkel in das Haus:
»Der Schlingel ist aufs Eis hinaus!«

Mit einer Axt und stillem Weh
Sucht man den Peter hier im Schnee.

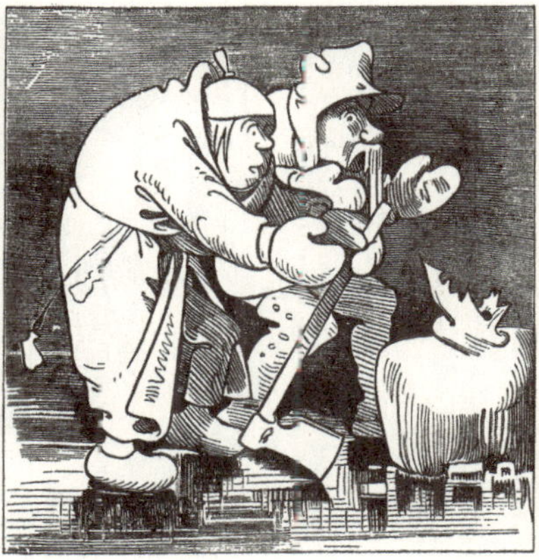

Schon sieht man mit besorgtem Blick
Ein Teil von Peters Kleidungsstück.

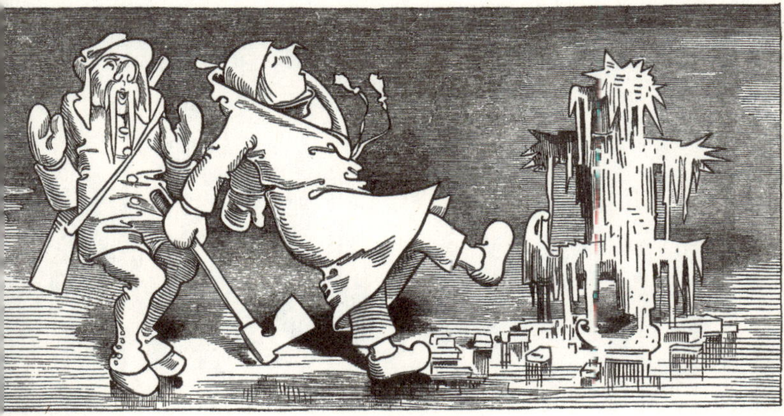

Doch größer war die Trauer da,
Als man den Peter selber sah.

Hier wird der Peter transportiert,
Der Vater weint, die Träne friert.

Behutsam lässt man Peters Glieder
Zu Haus am warmen Ofen nieder.

Juchhe! Die Freudigkeit ist groß;
Das Wasser rinnt, das Eis geht los.

Ach, aber ach! Nun ist's vorbei!
Der ganze Kerl zerrinnt zu Brei.

Hier wird in einen Topf gefüllt
Des Peters traurig Ebenbild.

Ja, ja! In diesen Topf von Stein,
Da machte man den Peter ein,

Der, nachdem er anfangs hart,
Später weich wie Butter ward.

Max und Moritz

Vorwort

Ach, was muss man oft von bösen
Kindern hören oder lesen!!
Wie zum Beispiel hier von diesen,
Welche Max und Moritz hießen;

Die, anstatt durch weise Lehren
Sich zum Guten zu bekehren,
Oftmals noch darüber lachten
Und sich heimlich lustig machten. –
– Ja, zur Übeltätigkeit,
Ja, dazu ist man bereit! –
– Menschen necken, Tiere quälen,
Äpfel, Birnen, Zwetschen stehlen – –
Das ist freilich angenehmer
Und dazu auch viel bequemer,
Als in Kirche oder Schule
Festzusitzen auf dem Stuhle. –
– Aber wehe, wehe, wehe!
Wenn ich auf das Ende sehe!! –
– Ach, das war ein schlimmes Ding,
Wie es Max und Moritz ging.
– Drum ist hier, was sie getrieben,
Abgemalt und aufgeschrieben.

Erster Streich

Mancher gibt sich viele Müh
Mit dem lieben Federvieh;
Einesteils der Eier wegen,
Welche diese Vögel legen,
Zweitens: weil man dann und wann
Einen Braten essen kann;
Drittens aber nimmt man auch
Ihre Federn zum Gebrauch
In die Kissen und die Pfühle,
Denn man liegt nicht gerne kühle. –

Seht, da ist die Witwe Bolte,
Die das auch nicht gerne wollte.

Ihrer Hühner waren drei
Und ein stolzer Hahn dabei. –
Max und Moritz dachten nun:
Was ist hier jetzt wohl zu tun? –
– Ganz geschwinde, eins, zwei, drei,
Schneiden sie sich Brot entzwei,
In vier Teile, jedes Stück
Wie ein kleiner Finger dick.
Diese binden sie an Fäden,
Übers Kreuz, ein Stück an jeden,

Und verlegen sie genau
In den Hof der guten Frau. –

Kaum hat dies der Hahn gesehen,
Fängt er auch schon an zu krähen:
Kikeriki! Kikikerikih!! –
Tak tak tak! – da kommen sie.

Hahn und Hühner schlucken munter
Jedes ein Stück Brot hinunter;

Aber als sie sich besinnen,
Konnte keines recht von hinnen.

In die Kreuz und in die Quer
Reißen sie sich hin und her,

Flattern auf und in die Höh,
Ach herrje, herrjemine!

Ach, sie bleiben an dem langen
Dürren Ast des Baumes hangen. –
– Und ihr Hals wird lang und länger,
Ihr Gesang wird bang und bänger;

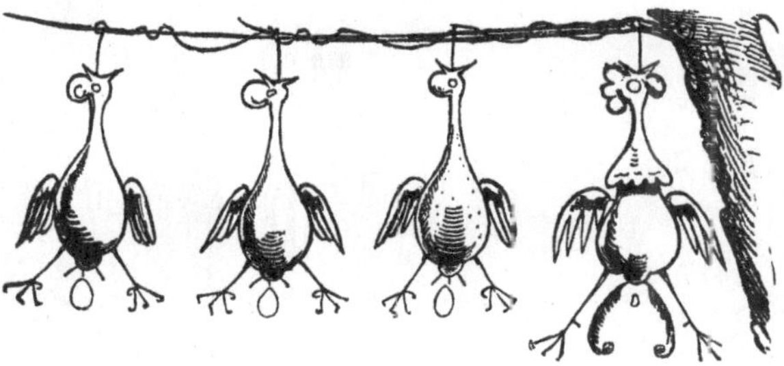

Jedes legt noch schnell ein Ei,
Und dann kommt der Tod herbei. –

Witwe Bolte, in der Kammer,
Hört im Bette diesen Jammer;

Ahnungsvoll tritt sie heraus:
Ach, was war das für ein Graus!

»Fließet aus dem Aug, ihr Tränen!
All mein Hoffen, all mein Sehnen,
Meines Lebens schönster Traum
Hängt an diesem Apfelbaum!!«
Tiefbetrübt und sorgenschwer
Kriegt sie jetzt das Messer her;

Nimmt die Toten von den Strängen,
Dass sie so nicht länger hängen,

Und mit stummem Trauerblick
Kehrt sie in ihr Haus zurück. –

Dieses war der erste Streich,
Doch der zweite folgt sogleich.

Zweiter Streich

Als die gute Witwe Bolte
Sich von ihrem Schmerz erholte,
Dachte sie so hin und her,
Dass es wohl das Beste wär,
Die Verstorbnen, die hienieden
Schon so frühe abgeschieden,
Ganz im Stillen und in Ehren
Gut gebraten zu verzehren. –
– Freilich war die Trauer groß,
Als sie nun so nackt und bloß
Abgerupft am Herde lagen,
Sie, die einst in schönen Tagen
Bald im Hofe, bald im Garten
Lebensfroh im Sande scharrten. –

Ach, Frau Bolte weint aufs neu,
Und der Spitz steht auch dabei.

Max und Moritz rochen dieses;
»Schnell aufs Dach gekrochen!«, hieß es.

Durch den Schornstein mit Vergnügen
Sehen sie die Hühner liegen,
Die schon ohne Kopf und Gurgeln
Lieblich in der Pfanne schmurgeln. –

Eben geht mit einem Teller
Witwe Bolte in den Keller,

Dass sie von dem Sauerkohle
Eine Portion sich hole,
Wofür sie besonders schwärmt,
Wenn er wieder aufgewärmt. –

– Unterdessen auf dem Dache
Ist man tätig bei der Sache.
Max hat schon mit Vorbedacht
Eine Angel mitgebracht. –

Schnupdiwup! da wird nach oben
Schon ein Huhn heraufgehoben.

Schnupdiwup! jetzt Numro zwei;
Schnupdiwup! jetzt Numro drei;
Und jetzt kommt noch Numro vier:
Schnupdiwup! dich haben wir!! –
– Zwar der Spitz sah es genau,
Und er bellt: Rawau! Rawau!

Aber schon sind sie ganz munter
Fort und von dem Dach herunter. –

– Na! Das wird Spektakel geben,
Denn Frau Bolte kommt soeben;
Angewurzelt stand sie da,
Als sie nach der Pfanne sah.

Alle Hühner waren fort –
»Spitz!!« – das war ihr erstes Wort. –

»Oh, du Spitz, du Ungetüm!! –
Aber wart! ich komme ihm!!!«

Mit dem Löffel, groß und schwer,
Geht es über Spitzen her;
Laut ertönt sein Wehgeschrei,
Denn er fühlt sich schuldenfrei. –

– Max und Moritz, im Verstecke,
Schnarchen aber an der Hecke,
Und vom ganzen Hühnerschmaus
Guckt nur noch ein Bein heraus. –

Dieses war der zweite Streich,
Doch der dritte folgt sogleich.

Dritter Streich

Jedermann im Dorfe kannte
Einen, der sich Böck benannte. –

– Alltagsröcke, Sonntagsröcke,
Lange Hosen, spitze Fräcke,
Westen mit bequemen Taschen,
Warme Mäntel und Gamaschen –
Alle diese Kleidungssachen
Wusste Schneider Böck zu machen. –
– Oder wäre was zu flicken,
Abzuschneiden, anzustücken,
Oder gar ein Knopf der Hose
Abgerissen oder lose –
Wie und wo und was es sei,
Hinten, vorne, einerlei –
Alles macht der Meister Böck,
Denn das ist sein Lebenszweck. –
– Drum so hat in der Gemeinde
Jedermann ihn gern zum Freunde. –
Aber Max und Moritz dachten,
Wie sie ihn verdrießlich machten. –

Nämlich vor des Meisters Hause
Floss ein Wasser mit Gebrause.

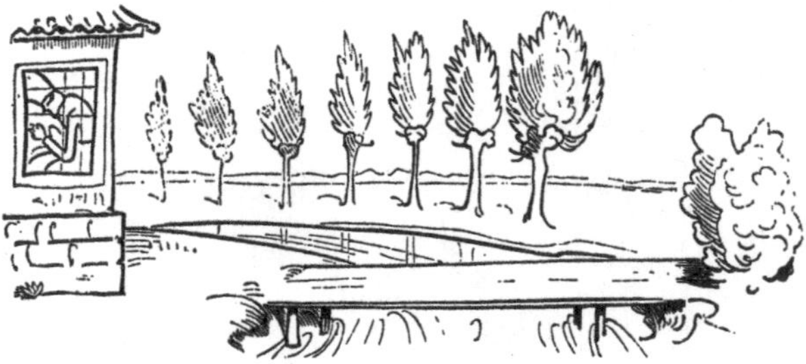

Übers Wasser führt ein Steg
Und darüber geht der Weg. –

Max und Moritz, gar nicht träge,
Sägen heimlich mit der Säge,
Ritzeratze! voller Tücke,
In die Brücke eine Lücke. –

Als nun diese Tat vorbei,
Hört man plötzlich ein Geschrei:
»He, heraus! du Ziegen-Böck!
Schneider, Schneider, meck meck meck!!« –
– Alles konnte Böck ertragen,
Ohne nur ein Wort zu sagen;
Aber wenn er dies erfuhr,
Ging's ihm wider die Natur. –

Schnelle springt er mit der Elle
Über seines Hauses Schwelle,

Denn schon wieder ihm zum Schreck
Tönt ein lautes: »Meck, meck, meck!!«

Und schon ist er auf der Brücke,
Kracks! die Brücke bricht in Stücke;

Wieder tönt es: »Meck, meck, meck!«
Plumps! da ist der Schneider weg!

Grad als dieses vorgekommen,
Kommt ein Gänsepaar geschwommen,

Welches Böck in Todeshast
Krampfhaft bei den Beinen fasst.

Beide Gänse in der Hand,
Flattert er auf trocknes Land. –

Übrigens bei alledem
Ist so etwas nicht bequem;

Wie denn Böck von der Geschichte
Auch das Magendrücken kriegte.

Hoch ist hier Frau Böck zu preisen!
Denn ein heißes Bügeleisen,
Auf den kalten Leib gebracht,
Hat es wieder gut gemacht. –

– Bald im Dorf hinauf, hinunter,
Hieß es: Böck ist wieder munter!!

Dieses war der dritte Streich,
Doch der vierte folgt sogleich.

Vierter Streich

Also lautet ein Beschluss:
Dass der Mensch was lernen muss. –
– Nicht allein das A-B-C
Bringt den Menschen in die Höh;
Nicht allein im Schreiben, Lesen
Übt sich ein vernünftig Wesen;
Nicht allein in Rechnungssachen
Soll der Mensch sich Mühe machen;
Sondern auch der Weisheit Lehren
Muss man mit Vergnügen hören. –

Dass dies mit Verstand geschah,
War Herr Lehrer Lämpel da. –

– Max und Moritz, diese beiden,
Mochten ihn darum nicht leiden;
Denn wer böse Streiche macht,
Gibt nicht auf den Lehrer acht. –

Nun war dieser brave Lehrer
Von dem Tobak ein Verehrer,
Was man ohne alle Frage
Nach des Tages Müh und Plage
Einem guten alten Mann
Auch von Herzen gönnen kann. –
– Max und Moritz, unverdrossen,
Sinnen aber schon auf Possen,
Ob vermittelst seiner Pfeifen
Dieser Mann nicht anzugreifen. –
– Einstens, als es Sonntag wieder
Und Herr Lämpel, brav und bieder,

In der Kirche mit Gefühle
Saß vor seinem Orgelspiele,
Schlichen sich die bösen Buben
In sein Haus und seine Stuben,

Wo die Meerschaumpfeife stand;
Max hält sie in seiner Hand;

Aber Moritz aus der Tasche
Zieht die Flintenpulverflasche,
Und geschwinde, stopf, stopf, stopf!
Pulver in den Pfeifenkopf. –
Jetzt nur still und schnell nach Haus,
Denn schon ist die Kirche aus. –

– Eben schließt in sanfter Ruh
Lämpel seine Kirche zu;

Und mit Buch und Notenheften,
Nach besorgten Amtsgeschäften

Lenkt er freudig seine Schritte
Zu der heimatlichen Hütte,

Und voll Dankbarkeit sodann
Zündet er sein Pfeifchen an.

»Ach!« – spricht er – »die größte Freud
Ist doch die Zufriedenheit!!!«

Rums!! – da geht die Pfeife los
Mit Getöse, schrecklich groß.

Kaffeetopf und Wasserglas,
Tobaksdose, Tintenfass,
Ofen, Tisch und Sorgensitz –
Alles fliegt im Pulverblitz. –

Als der Dampf sich nun erhob,
Sieht man Lämpel, der gottlob!
Lebend auf dem Rücken liegt;
Doch er hat was abgekriegt.

Nase, Hand, Gesicht und Ohren
Sind so schwarz als wie die Mohren,
Und des Haares letzter Schopf
Ist verbrannt bis auf den Kopf. –

Wer soll nun die Kinder lehren
Und die Wissenschaft vermehren?
Wer soll nun für Lämpel leiten
Seine Amtestätigkeiten?
Woraus soll der Lehrer rauchen,
Wenn die Pfeife nicht zu brauchen??

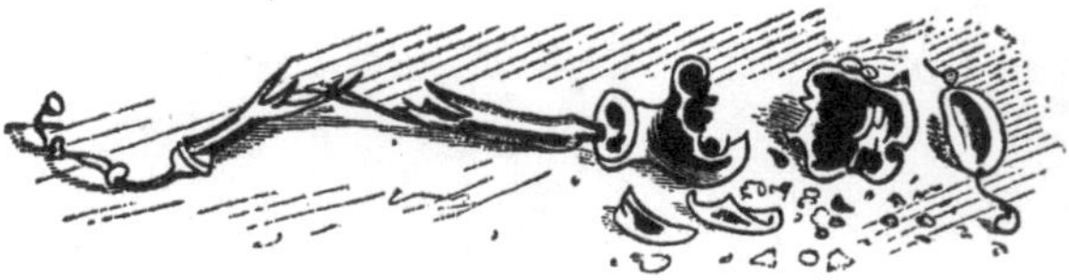

Mit der Zeit wird alles heil,
Nur die Pfeife hat ihr Teil. –

Dieses war der vierte Streich,
Doch der fünfte folgt sogleich.

Fünfter Streich

Wer in Dorfe oder Stadt
Einen Onkel wohnen hat,
Der sei höflich und bescheiden,
Denn das mag der Onkel leiden. –
– Morgens sagt man: »Guten Morgen!
Haben Sie was zu besorgen?«
Bringt ihm, was er haben muss:
Zeitung, Pfeife, Fidibus. –
Oder sollt es wo im Rücken
Drücken, beißen oder zwicken,
Gleich ist man mit Freudigkeit
Dienstbeflissen und bereit. –
Oder sei's nach einer Prise,
Dass der Onkel heftig niese,
Ruft man »Prosit!« allsogleich,
»Danke, wohl bekomm es Euch!« –
Oder kommt er spät nach Haus,
Zieht man ihm die Stiefel aus,
Holt Pantoffel, Schlafrock, Mütze,
Dass er nicht im Kalten sitze –
Kurz, man ist darauf bedacht,
Was dem Onkel Freude macht. –

– Max und Moritz ihrerseits
Fanden darin keinen Reiz. –
Denkt euch nur, welch schlechten Witz
Machten sie mit Onkel Fritz! –

Jeder weiß, was so ein Mai-
Käfer für ein Vogel sei. –
In den Bäumen hin und her
Fliegt und kriecht und krabbelt er.

Max und Moritz, immer munter,
Schütteln sie vom Baum herunter.

In die Tüte von Papiere
Sperren sie die Krabbeltiere. –

Fort damit, und in die Ecke
Unter Onkel Fritzens Decke!

Bald zu Bett geht Onkel Fritze
In der spitzen Zipfelmütze;

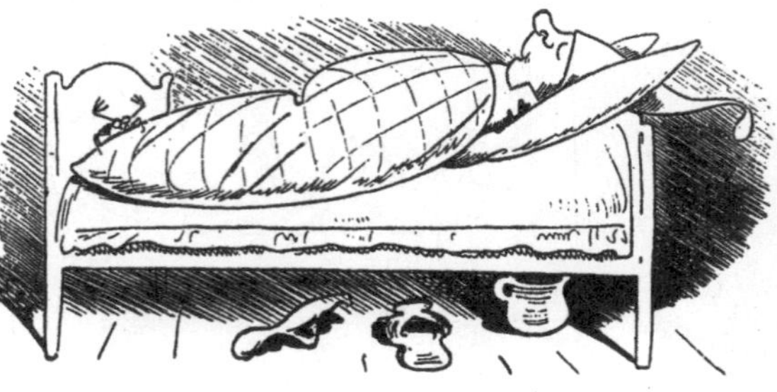

Seine Augen macht er zu,
Hüllt sich ein und schläft in Ruh.

Doch die Käfer, kritze kratze!
Kommen schnell aus der Matratze.

Schon fasst einer, der voran,
Onkel Fritzens Nase an.

»Bau!!« – schreit er – »Was ist das hier?!!«
Und erfasst das Ungetier.

Und den Onkel, voller Grausen,
Sieht man aus dem Bette sausen.

»Autsch!!« – Schon wieder hat er einen
Im Genicke, an den Beinen;

Hin und her und rund herum
Kriecht es, fliegt es mit Gebrumm.

Onkel Fritz, in dieser Not,
Haut und trampelt alles tot.

Guckste wohl! Jetzt ist's vorbei
Mit der Käferkrabbelei!!

Onkel Fritz hat wieder Ruh
Und macht seine Augen zu. –

Dieses war der fünfte Streich,
Doch der sechste folgt sogleich.

Sechster Streich

In der schönen Osterzeit,
Wenn die frommen Bäckersleut,
Viele süße Zuckersachen
Backen und zurechtemachen,
Wünschten Max und Moritz auch
Sich so etwas zum Gebrauch. –

Doch der Bäcker, mit Bedacht,
Hat das Backhaus zugemacht.

Also, will hier einer stehlen,
Muss er durch den Schlot sich quälen. –

Ratsch!! – Da kommen die zwei Knaben
Durch den Schornstein, schwarz wie Raben.

Puff!! – Sie fallen in die Kist,
Wo das Mehl darinnen ist.

Da! Nun sind sie alle beide
Rundherum so weiß wie Kreide.

Aber schon mit viel Vergnügen
Sehen sie die Brezeln liegen.

Knacks!! – Da bricht der Stuhl entzwei;

Schwapp!! – Da liegen sie im Brei.

Ganz von Kuchenteig umhüllt
Stehn sie da als Jammerbild. –

Gleich erscheint der Meister Bäcker
Und bemerkt die Zuckerlecker.

Eins, zwei, drei! – eh man's gedacht,
Sind zwei Brote draus gemacht.

In dem Ofen glüht es noch –
Ruff!! – damit ins Ofenloch!

Ruff!! – man zieht sie aus der Glut –
Denn nun sind sie braun und gut. –

– Jeder denkt, »die sind perdü!«
Aber nein! – noch leben sie! –

Knusper, knasper! – wie zwei Mäuse
Fressen sie durch das Gehäuse;

Und der Meister Bäcker schrie:
»Achherrje! da laufen sie!!« –

Dieses war der sechste Streich,
Doch der letzte folgt sogleich.

Letzter Streich

Max und Moritz, wehe euch!
Jetzt kommt euer letzter Streich! –
Wozu müssen auch die beiden
Löcher in die Säcke schneiden?? –

– Seht, da trägt der Bauer Mecke
Einen seiner Maltersäcke. –

Aber kaum dass er von hinnen,
Fängt das Korn schon an zu rinnen.

Und verwundert steht und spricht er:
»Zapperment! Dat Ding werd lichter!«

Hei! Da sieht er voller Freude
Max und Moritz im Getreide.

Rabs!! – in seinen großen Sack
Schaufelt er das Lumpenpack.

Max und Moritz wird es schwüle,
Denn nun geht es nach der Mühle. –

»Meister Müller, he, heran!
Mahl er das, so schnell er kann!«

»Her damit!!« – Und in den Trichter
Schüttelt er die Bösewichter. –

Rickeracke! Rickeracke!
Geht die Mühle mit Geknacke.

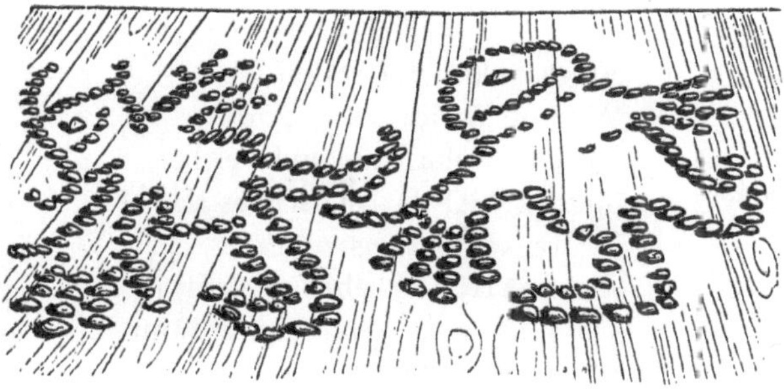

Hier kann man sie noch erblicken
Fein geschroten und in Stücken.

Doch sogleich verzehret sie
Meister Müllers Federvieh.

Schluss

Als man dies im Dorf erfuhr,
War von Trauer keine Spur. –
– Witwe Bolte, mild und weich,
Sprach: »Sieh da, ich dacht es gleich!« –
– »Ja ja ja«, rief Meister Böck –
»Bosheit ist kein Lebenszweck!« –
– Drauf so sprach Herr Lehrer Lämpel:
»Dies ist wieder ein Exempel!« –
– »Freilich!«, meint der Zuckerbäcker –
»Warum ist der Mensch so lecker?!« –
– Selbst der gute Onkel Fritze
Sprach: »Das kommt von dumme Witze!«
– Doch der brave Bauersmann
Dachte: »Wat geiht meck dat an?!« –
– Kurz, im ganzen Dorf herum
Ging ein freudiges Gebrumm:
»Gott sei Dank! Nun ist's vorbei
Mit der Übeltäterei!!«

Hans Huckebein, der Unglücksrabe

Hier sieht man Fritz, den muntern Knaben,
Nebst Huckebein, dem jungen Raben.

Und dieser Fritz, wie alle Knaben,
Will einen Raben gerne haben.

Schon rutscht er auf dem Ast daher,
Der Vogel der misstraut ihm sehr.

Schlapp! macht der Fritz von seine Kappe
Mit Listen eine Vogelklappe.

Beinahe hätt er ihn! – Doch ach!
Der Ast zerbricht mit einem Krach.

In schwarzen Beeren sitzt der Fritze,
Der schwarze Vogel in der Mütze.

Der Knabe Fritz ist schwarz betupft;
Der Rabe ist in Angst und hupft.

Der schwarze Vogel ist gefangen,
Er bleibt im Unterfutter hangen.

»Jetzt hab ich dich, Hans Huckebein!
Wie wird sich Tante Lotte freun!«

Die Tante kommt aus ihrer Tür;
»Ei!« – spricht sie – »welch ein gutes Tier!«

Kaum ist das Wort dem Mund entflohn,
Schnapp! hat er ihren Finger schon.

»Ach!« – ruft sie – »er ist doch nicht gut!
Weil er mir was zuleide tut!!«

Hier lauert in des Topfes Höhle
Hans Huckebein, die schwarze Seele.

Den Knochen, den er Spitz gestohlen,
Will dieser jetzt sich wieder holen.

Sie ziehn mit Knurren und Gekrächz,
Der eine links, der andre rechts.

Schon denkt der Spitz, dass er gewinnt,
Da zwickt der Rabe ihn von hint.

O weh! Er springt auf Spitzens Nacken,
Um ihm die Haare auszuzwacken.

Der Spitz der ärgert sich bereits
Und rupft den Raben seinerseits.

Derweil springt mit dem Schinkenbein
Der Kater in den Topf hinein.

Da sitzen sie und schaun und schaun. –
Dem Kater ist nicht sehr zu traun.

Der Kater hackt den Spitz, der schreit,
Der Rabe ist voll Freudigkeit.

Schnell fasst er, weil der Topf nicht ganz,
Mit schlauer List den Katerschwanz.

Es rollt der Topf. Es krümmt voll Quale
Des Katers Schweif sich zur Spirale.

Und Spitz und Kater fliehn im Lauf. –
Der größte Lump bleibt obenauf!! –

Nichts Schönres gab's für Tante Lotte
Als schwarze Heidelbeerkompotte.

Doch Huckebein verschleudert nur
Die schöne Gabe der Natur.

Die Tante naht voll Zorn und Schrecken;
Hans Huckebein verlässt das Becken.

Und schnell betritt er, angstbeflügelt,
Die Wäsche, welche frisch gebügelt.

O weh! Er kommt ins Tellerbord;
Die Teller rollen rasselnd fort.

Auch fällt der Korb, worin die Eier –
Ojemine! – und sind so teuer!

Patsch! fällt der Krug. Das gute Bier
Ergießt sich in die Stiefel hier.

Und auf der Tante linken Fuß
Stürzt sich des Eimers Wasserguss.

Sie hält die Gabel in der Hand,
Und auch der Fritz kommt angerannt.

Perdums! da liegen sie. – Dem Fritze
Dringt durch das Ohr die Gabelspitze.

Dies wird des Raben Ende sein –
So denkt man wohl – doch leider, nein!

Denn – schnupp! – der Tante Nase fasst er;
Und nochmals triumphiert das Laster!

Jetzt aber naht sich das Malör,
Denn dies Getränke ist Likör.

Es duftet süß. – Hans Huckebein
Taucht seinen Schnabel froh hinein.

Und lässt mit stillvergnügtem Sinnen
Den ersten Schluck hinunterrinnen.

Nicht übel! – Und er taucht schon wieder
Den Schnabel in die Tiefe nieder.

Er hebt das Glas und schlürft den Rest,
Weil er nicht gern was übrig lässt.

Ei, ei! Ihm wird so wunderlich,
So leicht und doch absunderlich.

Er krächzt mit freudigem Getön
Und muss auf einem Beine stehn.

Der Vogel, welcher sonsten fleucht,
Wird hier zu einem Tier, was kreucht.

Und Übermut kommt zum Beschluss,
Der alles ruinieren muss.

Er zerrt voll roher Lust und Tücke
Der Tante künstliches Gestricke.

Der Tisch ist glatt – der Böse taumelt –
Das Ende naht – sieh da! er baumelt.

»Die Bosheit war sein Hauptpläsier,
Drum« – spricht die Tante – »hängt er hier!«

Die fromme Helene

Erstes Kapitel

Wie der Wind in Trauerweiden
Tönt des frommen Sängers Lied,
Wenn er auf die Lasterfreuden
In den großen Städten sieht.

Ach, die sittenlose Presse!
Tut sie nicht in früher Stund
All die sündlichen Exzesse
Schon den Bürgersleuten kund?! –

Offenbach ist im Thalia;
Hier sind Bälle, da Konzerts.
Annchen, Hannchen und Maria
Hüpft vor Freuden schon das Herz. –

Kaum trank man die letzte Tasse,
Putzt man schon den irdschen Leib.
Auf dem Walle, auf der Gasse
Wimmelt man zum Zeitvertreib. –

Wie sie schauen, wie sie grüßen!
Hier die zierlichen Mosjös,
Dort die Damen mit den süßen
Himmlisch hohen Prachtpopös. –

Und der Jud mit krummer Ferse,
Krummer Nas und krummer Hos
Schlängelt sich zur hohen Börse,
Tiefverderbt und seelenlos. –

Schweigen will ich von Lokalen,
Wo der Böse nächtlich prasst,
Wo im Kreis der Liberalen
Man den Heilgen Vater hasst. –

Schweigen will ich von Konzerten,
Wo der Kenner hoch entzückt
Mit dem seelenvoll-verklärten
Opernglase um sich blickt;

Wo mit weichem Wogebusen
Man schön warm beisammensitzt,
Wo der hehre Chor der Musen,
Wo Apollo selber schwitzt. –

Schweigen will ich vom Theater;
Wie von da, des Abends spät,
Schöne Mutter, alter Vater
Arm in Arm nach Hause geht.

Zwar man zeuget viele Kinder,
Doch man denket nichts dabei.
Und die Kinder werden Sünder,
Wenn's den Eltern einerlei.

»Komm Helenchen!« – sprach der brave
Vormund – »Komm, mein liebes Kind!
Komm aufs Land, wo sanfte Schafe
Und die frommen Lämmer sind.

Da ist Onkel, da ist Tante,
Da ist Tugend und Verstand,
Da sind deine Anverwandte!«

So kam Lenchen auf das Land.

Zweites Kapitel

»Helene!« – sprach der Onkel Nolte –
»Was ich schon immer sagen wollte!
Ich warne dich als Mensch und Christ:

Oh, hüte dich vor allem Bösen!
Es macht Pläsier, wenn man es ist,
Es macht Verdruss, wenn man's gewesen!«

»Ja leider!« – sprach die milde Tante –
»So ging es vielen, die ich kannte!

Drum soll ein Kind die weisen Lehren
Der alten Leute hochverehren!
Die haben alles hinter sich
Und sind gottlob! recht tugendlich! –

Nun gute Nacht! Es ist schon späte!
Und, gutes Lenchen, bete bete!«

Helene geht. – Und mit Vergnügen
Sieht sie des Onkels Nachthemd liegen.

Die Nadel her, so schnell es geht!
Und Hals und Ärmel zugenäht!! –

Darauf begibt sie sich zur Ruh
Und deckt sich warm und fröhlich zu. –

Bald kommt der Onkel auch herein
Und scheint bereits recht müd zu sein.

Erst nimmt er seine Schlummerprise,
Denn er ist sehr gewöhnt an diese.

Und nun vertauscht er mit Bedacht
Das Hemd des Tags mit dem der Nacht.

Doch geht's nicht so, wie er wohl möcht,
Denn die Geschichte will nicht recht.

»Potztausend, das ist wunderlich!« –
Der Onkel Nolte ärgert sich.

Er ärgert sich, doch hilft es nicht.
Ja siehste wohl! Da liegt das Licht!

Stets größer wird der Ärger nur.
Es fällt die Dose und die Uhr.

Rack! – stößt er an den Tisch der Nacht,
Was einen großen Lärm gemacht.

Hier kommt die Tante mit dem Licht. –
Der Onkel hat schon Luft gekriegt.

»Oh, sündenvolle Kreatur!!
Dich mein ich dort! – Ja, schnarche nur!«

Helene denkt: Dies will ich nun
Auch ganz gewiss nicht wieder tun!

Drittes Kapitel

Helenchen wächst und wird gescheit
Und trägt bereits ein langes Kleid. –
»Na, Lene! Hast du's schon vernommen?
Der Vetter Franz ist angekommen.«
So sprach die Tante früh um achte,
Indem sie grade Kaffee machte.
»Und, hörst du, sei fein hübsch manierlich
Und zeige dich nicht ungebührlich,
Und sitz bei Tische nicht so krumm
Und gaffe nicht so viel herum! –
Und ganz besonders muss ich bitten:
Das Grüne – was so ausgeschnitten –
Du ziehst mir nicht das Grüne an,
Weil ich's nun mal nicht leiden kann!«

»Ei!« – denkt Helene – »Schläft er noch?«
Und schaut auch schon durchs Schlüsselloch.

Der Franz, ermüdet von der Reise,
Liegt tief versteckt im Bettgehäuse.

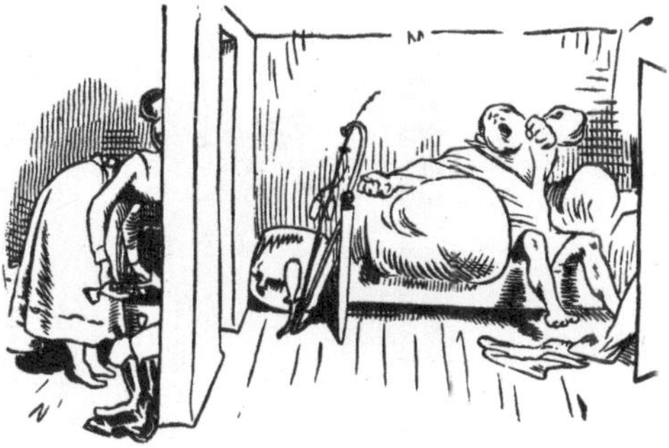

»Ah, ja ja jam!« – so gähnt er eben –
»Es wird wohl Zeit, sich zu erheben

Und sich allmählich zu bequemen,
Die Morgenwäsche vorzunehmen.«

Zum Ersten: ist es mal so schicklich.

Zum Zweiten: ist es sehr erquicklich.

Zum Dritten: ist man sehr bestaubt

Und viertens: soll man's überhaupt;

Denn fünftens: ziert es das Gesicht

Und schließlich: schaden tut's mal nicht!

Wie fröhlich ist der Wandersmann,
Zieht er das reine Hemd sich an!

Und neugestärkt und friedlich-heiter
Bekleidet er sich emsig weiter.

Und erntet endlich stillerfreut

Die Früchte seiner Reinlichkeit.

Jetzt steckt der Franz die Pfeife an.
Helene eilt, so schnell sie kann.

Plemm!! – stößt sie an die alte Brause,
Die oben steht im Treppenhause.

Sie kommt auf Hannchen hergerollt,
Die Franzens Stiefel holen wollt.

Die Lene rutscht, es rutscht die Hanne;
Die Tante trägt die Kaffeekanne.

Da geht es klirr! und klipp! und klapp!!
Und auch der Onkel kriegt was ab.

Viertes Kapitel

Der Franz, ein Schüler hochgelehrt,
Macht sich gar bald beliebt und wert.

So hat er einstens in der Nacht
Beifolgendes Gedicht gemacht:

> Als ich so von ungefähr
> Durch den Wald spazierte,
> Kam ein bunter Vogel, der
> Pfiff und quinquilierte.
>
> Was der bunte Vogel pfiff,
> Fühle und begreif ich:
> Liebe ist der Inbegriff,
> Auf das andre pfeif ich.

Er schenkt's Helenen, die darob
Gar hocherfreut und voller Lob.

Und Franz war wirklich angenehm,
Teils dieserhalb, teils außerdem.

Wenn in der Küche oder Kammer
Ein Nagel fehlt – Franz holt den Hammer!

Wenn man den Kellerraum betritt,
Wo's öd und dunkel – Franz geht mit!

Wenn man nach dem Gemüse sah
In Feld und Garten – Franz ist da! –

Oft ist z. B. an den Stangen
Die Bohne schwierig zu erlangen.

Franz aber fasst die Leiter an,
Dass Lenchen ja nicht fallen kann.

Und ist sie dann da oben fertig –
Franz ist zur Hülfe gegenwärtig.

Kurzum! Es sei nun, was es sei –
Der Vetter Franz ist gern dabei.

Indessen ganz insonderheit
Ist er voll Scherz und Lustbarkeit.

Schau schau! Da schlupft und hupft im Grün
Ein Frosch herum. – Gleich hat er ihn!

Und setzt ihn heimlich nackt und bloß
In Nolten seine Tobaksdos.

Wie nun der sanfte Onkel Nolte
Sich eine Prise schöpfen wollte –

Hucks da! Mit einem Satze saß
Der Frosch an Nolten seiner Nas.

Platsch! springt er in die Tasse gar,
Worin noch schöner Kaffee war.

Schlupp! sitzt er in der Butterbemme
Ein kleines Weilchen in der Klemme.

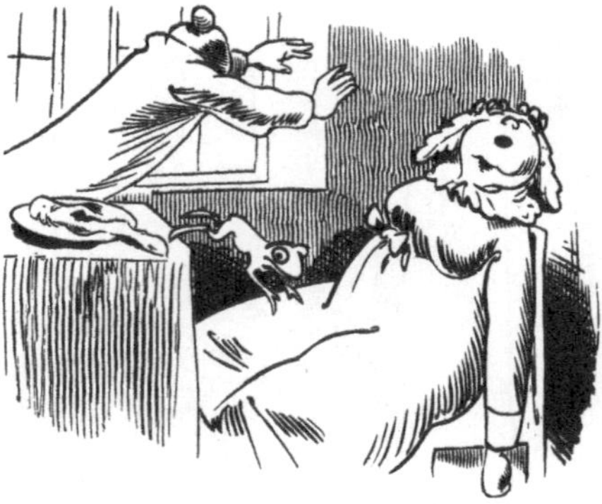

Putsch!! – Ach, der Todesschreck ist groß!
Er hupft in Tante ihren Schoß.

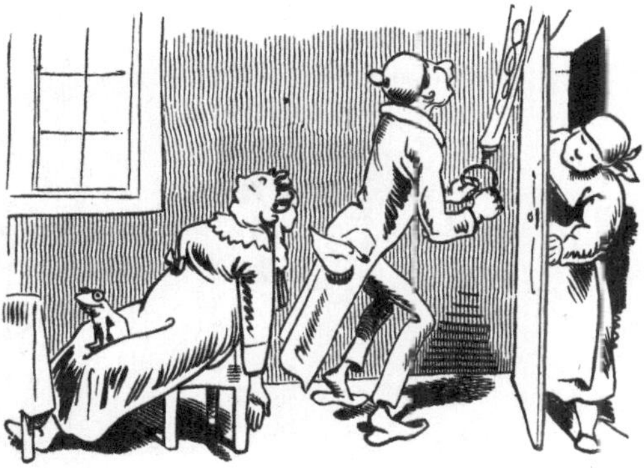

Der Onkel ruft und zieht die Schelle:
»He, Hannchen, Hannchen, komme schnelle!« –

Und Hannchen ohne Furcht und Bangen
Entfernt das Scheusal mit der Zangen.

Nun kehrt die Tante auch zum Glück
Ins selbstbewusste Sein zurück.

Wie hat Helene da gelacht,
Als Vetter Franz den Scherz gemacht!

Eins aber war von ihm nicht schön:
Man sah ihn oft bei Hannchen stehn!

Doch jeder Jüngling hat wohl mal
'n Hang fürs Küchenpersonal,
Und sündhaft ist der Mensch im Ganzen!
Wie betet Lenchen da für Franzen!!

Nur einer war, der heimlich grollte:
Das ist der ahnungsvolle Nolte.
Natürlich tut er dieses bloß
In Anbetracht der Tobaksdos.
Er war auch wirklich voller Freud,
Als nun vorbei die Ferienzeit
Und Franz mit Schrecken wiederum
Zurück muss aufs Gymnasium.

Fünftes Kapitel

»Und wenn er sich auch ärgern sollte!
Was schert mich dieser Onkel Nolte!«

So denkt Helene leider Gotts!
Und schreibt, dem Onkel grad zum Trotz:

»Geliebter Franz!
Du weißt es ja, Dein bin ich ganz!

Wie reizend schön war doch die Zeit,
Wie himmlisch war das Herz erfreut,

Als in den Schnabelbohnen drin
Der Jemand eine Jemandin,

Ich darf wohl sagen: herzlich küsste. –
Ach Gott, wenn das die Tante wüsste!

Und ach! wie ist es hierzuland
Doch jetzt so schrecklich anigant!

Der Onkel ist gottlob! recht dumm;
Die Tante nöckert so herum,

Und beide sind so furchtbar fromm!
Wenn's irgend möglich, Franz, so komm
Und trockne meiner Sehnsucht Träne!
10 000 Küsse von

Helene.«

Jetzt Siegellack! – Doch weh! Alsbald

Ruft Onkel Nolte donnernd: »Halt!!!«

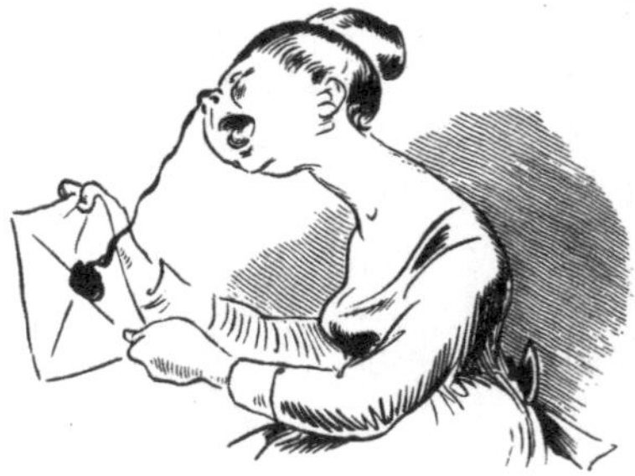

Und an Helenens Nase stracks
Klebt das erhitzte Siegelwachs.

Sechstes Kapitel

In der Kammer, still und donkel,
Schläft die Tante bei dem Onkel.

Mit der Angelschnur versehen,
Naht sich Lenchen auf den Zehen.

Zupp! – Schon lüftet sich die Decke
Zu des Onkels großem Schrecke.

Zupp! – Jetzt spürt die Tante auch
An dem Fuß den kalten Hauch.

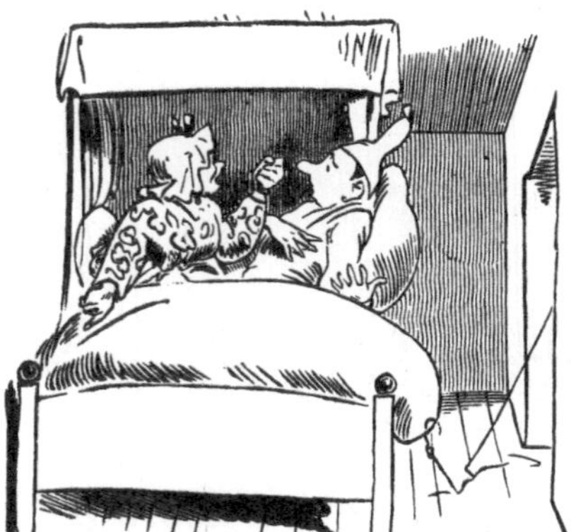

»Nolte!« – ruft sie – »Lasse das,
Denn das ist ein dummer Spaß!«

Und mit Murren und Gebrumm
Kehrt man beiderseits sich um.

Schnupp! – Da liegt man gänzlich bloß
Und die Zornigkeit wird groß;

Und der Schlüsselbund erklirrt,
Bis der Onkel flüchtig wird. –

Autsch! Wie tut der Fuß so weh!
An der Angel sitzt die Zeh.

Lene hört nicht auf zu zupfen.
Onkel Nolte der muss hupfen.

Lene hält die Türe zu.
Oh, du böse Lene du!

Stille wird es nach und nach,
Friede herrscht im Schlafgemach.

Am Morgen aber ward es klar,
Was nachts im Rat beschlossen war.
Kalt, ernst und dumpf sprach Onkel Nolte:
»Helene, was ich sagen wollte: –«

»Ach!« – rief sie – »Ach! Ich will es nun
Auch ganz gewiss nicht wieder tun!«

»Es ist zu spät! – Drum stantepeh
Pack deine Sachen! – So! – Ade!«

Siebentes Kapitel

Ratsam ist und bleibt es immer
Für ein junges Frauenzimmer,
Einen Mann sich zu erwählen
Und womöglich zu vermählen.
Erstens: will es so der Brauch.
Zweitens: will man's selber auch.
Drittens: man bedarf der Leitung
Und der männlichen Begleitung;
Weil bekanntlich manche Sachen,
Welche große Freude machen,
Mädchen nicht allein verstehn;
Als da ist: ins Wirtshaus gehn. –

Freilich oft, wenn man auch möchte,
Findet sich nicht gleich der Rechte.
Und derweil man so allein,
Sucht man sonst sich zu zerstreun.

Lene hat zu diesem Zwecke
Zwei Kanari in der Hecke,

Welche Niep und Piep genannt.
Zierlich fraßen aus der Hand
Diese goldignetten Mätzchen.

Aber Mienzi hieß das Kätzchen. –

Einstens kam auch auf Besuch
Kater Munzel, frech und klug.

Alsobald so ist man einig. –
Festentschlossen, still und schleunig

Ziehen sie voll Mörderdrang
Niep und Piep die Hälse lang.

Drauf so schreiten sie ganz heiter
Zu dem Kaffeetische weiter. –
Mienzi mit dem sanften Tätzchen
Nimmt die guten Zuckerplätzchen.

Aber Munzels dicker Kopf
Quält sich in den Sahnetopf.

Grad kommt Lene, welche drüben
Eben einen Brief geschrieben,
Mit dem Licht und Siegellack
Und bemerkt das Lumpenpack.

Mienzi kann noch schnell enteilen,
Aber Munzel muss verweilen;

Denn es sitzt an Munzels Kopf
Festgeschmiegt der Sahnetopf.

Blindlings stürzt er sich zur Erd.
Klacks! – Der Topf ist nichts mehr wert.

Aufs Büfett geht es jetzunder.
Flaschen, Gläser – alles runter!

Sehr in Ängsten sieht man ihn
Aufwärts sausen am Kamin.

Ach! – Die Venus ist perdü –
Klickeradoms! – von Medici!

Weh! Mit einem Satze ist er
Vom Kamine an dem Lüster;

Und da geht es Klingelingelings!
Unten liegt das teure Dings.

Schnell sucht Munzel zu entrinnen,
Doch er kann nicht mehr von hinnen. –

Wehe, Munzel! – Lene kriegt
Tute, Siegellack und Licht.

Allererst tut man die Tute
An des Schweifs behaarte Rute;

Dann das Lack, nachdem's erhitzt,
Auf die Tute, bis sie sitzt.

Drauf hält man das Licht daran,
Dass die Tute brennen kann.

Jetzt lässt man den Munzel los –
Mau! – Wie ist die Hitze groß!

Achtes Kapitel

Wenn's einer davon haben kann,
So bleibt er gerne dann und wann
Des Morgens, wenn das Wetter kühle,
Noch etwas liegen auf dem Pfühle
Und denkt sich so in seinem Sinn:
Na, dämmre noch 'n bissel hin!
Und denkt so hin und denkt so her,
Wie dies wohl wär, wenn das nicht wär,
Und schließlich wird es ihm zu dumm.
Er wendet sich nach vorne um,
Kreucht von der warmen Lagerstätte
Und geht an seine Toilette.

Die Proppertet ist sehr zu schätzen,
Doch kann sie manches nicht ersetzen.

Der Mensch wird schließlich mangelhaft.

Die Locke wird hinweggerafft. –

Mehr ist hier schon die Kunst zu loben,

Denn Schönheit wird durch Kunst gehoben.
Allein auch dieses, auf die Dauer,
Fällt doch dem Menschen schließlich sauer.

»Es sei!« – sprach Lene heute früh –
»Ich nehme Schmöck und Kompanie!«

G. J. C. Schmöck, schon längst bereit,
Ist dieserhalb gar hoch erfreut.
Und als der Frühling kam ins Land,
Ward Lene Madam Schmöck genannt.

Neuntes Kapitel

’s war Heidelberg, das sich erwählten
Als Freudenort die Neuvermählten.

Wie lieblich wandelt man zu zwei’n
Das Schloss hinauf im Sonnenschein.

»Ach, sieh nur mal, geliebter Schorsch,
Hier diese Trümmer alt und morsch!«

»Ja!« – sprach er – »Aber diese Hitze!
Und fühle nur mal, wie ich schwitze!«

Ruinen machen vielen Spaß. –
Auch sieht man gern das große Fass.

Und – alle Ehrfurcht! – muss ich sagen.

Alsbald, so sitzt man froh im Wagen

Und sieht das Panorama schnelle
Vorüberziehn bis zum Hotelle.

Denn Spargel, Schinken, Koteletts
Sind doch mitunter auch was Netts.

»Pist! Kellner! Stell'n Sie eine kalt!
Und, Kellner! aber möglichst bald!«

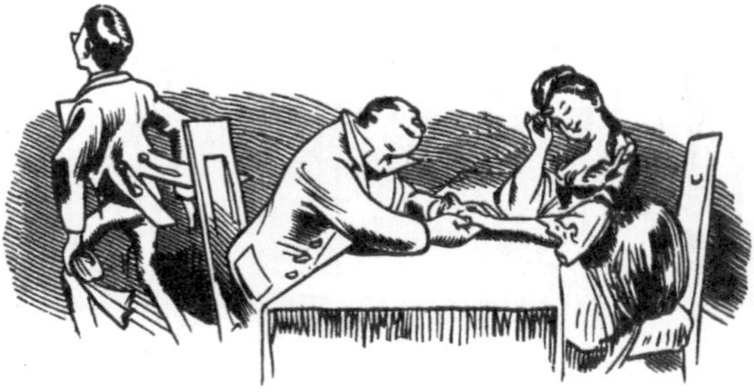

Der Kellner hört des Fremden Wort.
Es saust der Frack. Schon eilt er fort.

Wie lieb und luftig perlt die Blase
Der Witwe Klicko in dem Glase. –

Gelobt seist du vieltausendmal!

Helene blättert im Journal.

»Pist! Kellner! Noch einmal so eine!« –
Helenen ihre Uhr ist neune. –

Der Kellner hört des Fremden Wort.
Es saust der Frack. Schon eilt er fort.

Wie lieb und luftig perlt die Blase
Der Witwe Klicko in dem Glase.

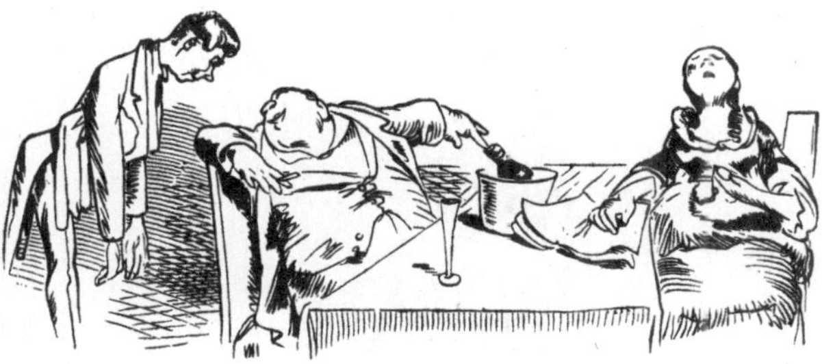

»Pist! Kellner! Noch so was von den!« –
Helenen ihre Uhr ist zehn. –

Schon eilt der Kellner emsig fort. –
Helene spricht ein ernstes Wort.

Der Kellner leuchtet auf der Stiegen.
Der fremde Herr ist voll Vergnügen.

Pitsch! Siehe da! Er löscht das Licht.

Plumps! liegt er da und rührt sich nicht.

Zehntes Kapitel

Viele Madams, die ohne Sorgen,
In Sicherheit und wohlgeborgen,
Die denken: Pah! Es hat noch Zeit!
Und bleiben ohne Frömmigkeit. –

Wie lobenswert ist da Helene!
Helene denkt nicht so wie jene. –
Nein nein! Sie wandelt oft und gerne
Zur Kirche hin, obschon sie ferne.

Und Jean, mit demutsvollem Blick,
Drei Schritte hinterwärts zurück,
Das Buch der Lieder in der Hand,
Folgt seiner Herrin unverwandt.

Doch ist Helene nicht allein
Nur auf sich selbst bedacht. – O nein! –
Ein guter Mensch gibt gerne acht,
Ob auch der andre was Böses macht;
Und strebt durch häufige Belehrung
Nach seiner Bessrung und Bekehrung.

»Schang!« – sprach sie einstens – »Deine Taschen
Sind oft so dick! Schang! Tust du naschen?

Ja, siehst du wohl! Ich dacht es gleich!
Oh Schang! Denk an das Himmelreich!«

Dies Wort drang ihm in die Natur,
So dass er schleunigst Bessrung schwur.

Doch nicht durch Worte nur allein
Soll man den andern nützlich sein. –
Helene strickt die guten Jacken,
Die so erquicklich für den Nacken,
Denn draußen wehen rauhe Winde. –
Sie fertigt auch die warme Binde.
Denn diese ist für kalte Mägen
Zur Winterszeit ein wahrer Segen.
Sie pflegt mit herzlichem Pläsier
Sogar den fränkschen Offizier,
Der noch mit mehren dieses Jahr
Im Deutschen Reiche sesshaft war. –
Besonders aber tat ihr leid
Der armen Leute Bedürftigkeit.
Und da der Arzt mit Ernst geraten,
Den Leib in warmem Wein zu baden,

So tut sie's auch.

Oh, wie erfreut
Ist nun die Schar der armen Leut,

Die, sich recht innerlich zu laben,
Doch auch mal etwas Warmes haben.

Elftes Kapitel

Viel Freude macht, wie männiglich bekannt,
Für Mann und Weib der heilige Ehestand;
Und lieblich ist es für den Frommen,
Der die Genehmigung dazu bekommen,
Wenn er sodann nach der üblichen Frist
Glücklicher Vater und Mutter ist. –
Doch manchmal ärgert man sich bloß,
Denn die Ehe bleibt kinderlos. –
Dieses erfuhr nach einiger Zeit
Helene mit großer Traurigkeit. –

Nun wohnte allda ein frommer Mann,
Bei St. Peter dicht nebenan,
Von Fraun und Jungfraun weit und breit
Hochgepriesen ob seiner Gelehrsamkeit. –
(Jetzt war er freilich schon etwas kränklich.)
»O meine Tochter!« – sprach er bedenklich –
»Dieses ist ein schwierig Kapitel;
Da helfen allein die geistlichen Mittel!
Drum, meine Beste, ist dies mein Rat:
Schreite hinauf den steilen Pfad
Und folge der seligen Pilgerspur
Gen Chosemont de bon secours;

Denn dorten, berühmt seit alter Zeit,
Stehet die Wiege der Fruchtbarkeit.
Und wer allda sich hinverfügt,
Und wer allda die Wiege gewiegt,
Der spürete bald nach selbigter Fahrt,
Dass die Geschichte anders ward.

Solches hat noch vor etzlichen Jahren
Leider Gotts! eine fromme Jungfer erfahren,
Welche, indem sie bis dato in diesen
Dingen nicht sattsam unterwiesen,
Aus Unbedacht und kindlichem Vergnügen
Die Wiege hat angefangen zu wiegen.
Und ob sie schon nur ein wenig gewiegt,
Hat sie dennoch ein ganz kleines Kind gekriegt.

Auch kam da ein frecher Pilgersmann,
Der rühret aus Vorwitz die Wiegen an.
Darauf nach etwa etzlichen Wochen,
Nachdem er dieses verübt und verbrochen,
Und – – doch, meine Liebe, genug für heute!
Ich höre, dass es zur Metten läute. –
Addio! Und Trost sei Dir beschieden!
Zeuge hin in Frieden!«

Zwölftes Kapitel

Hoch von gnadenreicher Stelle
Winkt die Schenke und Kapelle. –

Aus dem Tale zu der Höhe,
In dem seligen Gedränge
Andachtsvoller Christenmenge
Fühlt man froh des andern Nähe;
Denn hervor aus Herz und Munde,
Aus der Seele tiefstem Grunde

Haucht sich warm und innig an
Pilgerin und Pilgersmann. –

Hier vor allen, schuhbestaubt,
Warm ums Herze, warm ums Haupt.
Oft erprobt in ernster Kraft,
Schreitet die Erzgebruderschaft. –

Itzo kommt die Jungferngilde,
Auf den Lippen Harmonie,
In dem Busen Engelsmilde,
In der Hand das Paraplü.
Oh wie lieblich tönt der Chor!
Bruder Jochen betet vor. –

Aber dort im Sonnenscheine
Geht Helene traurig-heiter,
Sozusagen, ganz alleine;

Denn ihr einziger Begleiter,
Stillverklärt im Sonnenglanz

Ist der gute Vetter Franz,
Den seit kurzem die Bekannten
Nur den »heilgen« Franz benannten. –

Traulich wallen sie zu zweit
Als zwei fromme Pilgersleut.

Gott sei Dank, jetzt ist man oben!
Und mit Preisen und mit Loben
Und mit Eifer und Bedacht
Wird das Nötige vollbracht.

Freudig eilt man nun zur Schenke,
Freudig greift man zum Getränke,
Welches schon seit langer Zeit
In des Klosters Einsamkeit
Ernstbesonnen, stillvertraut,
Bruder Jakob öfters braut.

Hierbei schaun sich innig an
Pilgerin und Pilgersmann.

Endlich nach des Tages Schwüle
Naht die sanfte Abendkühle.
In dem goldnen Mondenscheine
Geht Helene froh und heiter,
Sozusagen, ganz alleine;
Denn ihr einziger Begleiter,
Stillverklärt im Mondesglanz,
Ist der heilge Vetter Franz.
Traulich ziehn sie heim zu zweit
Als zwei gute Pilgersleut.

Doch die Erzgebruderschaft
Nebst den Jungfern tugendhaft,
Die sich etwas sehr verspätet,
Kommen jetzt erst angebetet.
Oh wie lieblich tönt der Chor!
Bruder Jochen betet vor.

Schau, da kommt von ungefähr
Eine Droschke noch daher.

Er, der diese Droschke fuhr,
Frech und ruchlos von Natur,
Heimlich denkend: papperlapp!,
Tuet seinen Hut nicht ab. –

Weh! Schon schaun ihn grollend an
Pilgerin und Pilgersmann.

Zwar der Kutscher sucht mit Klappen
Anzuspornen seinen Rappen,
Aber Jochen schiebt die lange
Jungfernbundesfahnenstange
Durch die Hinterräder quer –

Schrupp! – und 's Fuhrwerk geht nicht mehr. –

Bei den Beinen, bei dem Rocke
Zieht man ihn von seinem Bocke.

Jungfer Nanni mit der Krücke
Stößt ihn häufig ins Genicke.

Aber Jungfer Adelheid
Treibt die Sache gar zu weit;

Denn sie sticht in Kampfeshitze
Mit des Schirmes scharfer Spitze,
Und vor Schaden schützt ihn bloß
Seine warme Lederhos. –

Drauf so schaun sich fröhlich an
Pilgerin und Pilgersmann. –

Fern verklingt der Jungfernchor.
Bruder Jochen betet vor. –

Doch der böse Kutscher, dem

Alles dieses nicht genehm,
Meldet eilig die Geschichte
Bei dem hohen Stadtgerichte.
Dieses ladet baldigst vor
Jochen und den Jungfernchor.

Und das Urteil wird gesprochen:
Bruder Jochen kriegt drei Wochen,
Aber Jungf- und Bruderschaften
Sollen für die Kosten haften.

Ach! da schaun sich traurig an
Pilgerin und Pilgersmann.

Dreizehntes Kapitel

Wo kriegten wir die Kinder her,
Wenn Meister Klapperstorch nicht wär?

Er war's, der Schmöcks in letzter Nacht
Ein kleines Zwillingspaar gebracht.

Der Vetter Franz, mit mildem Blick,
Hub an und sprach: »Oh welches Glück!
Welch kleine, freundliche Kollegen!
Das ist fürwahr zwiefacher Segen!

Drum töne zwiefach Preis und Ehr! –
Herr Schmöck, ich gratuliere sehr!«

Bald drauf um zwölf kommt Schmöck herunter,
So recht vergnügt und frisch und munter.

Und emsig setzt er sich zu Tische,
Denn heute gibt's Salat und Fische.

Autsch! – Eine Gräte kommt verquer,
Und Schmöck wird blau und hustet sehr;

Und hustet, bis ihm der Salat
Aus beiden Ohren fliegen tat.

Bums! Da! Er schließt den Lebenslauf.
Der Jean fängt schnell die Flasche auf.

»Oh!« – sprach der Jean – »Es ist ein Graus!
Wie schnell ist doch das Leben aus!«

Vierzehntes Kapitel

»Oh Franz!« – spricht Lene – und sie weint –
»Oh Franz! Du bist mein einzger Freund!«
»Ja!« schwört der Franz mit mildem Hauch –
»Ich war's, ich bin's und bleib es auch!

Nun gute Nacht! Schon tönt es zehn!
Will's Gott! auf baldig Wiedersehn!«

Die Stiegen steigt er sanft hinunter. –
Schau, schau! Die Kathi ist noch munter.

Das freut den Franz. – Er hat nun mal
'n Hang fürs Küchenpersonal.

Der Jean, der heimlich näherschlich,
Bemerkt die Sache zorniglich.

Von großer Eifersucht erfüllt,
Hebt er die Flasche rasch und wild

Und – Kracks! – Es dringt der scharfe Schlag
Bis tief in das Gedankenfach.

’s ist aus! – Der Lebensfaden bricht. –
Helene naht. – Es fällt das Licht. –

Fünfzehntes Kapitel

Ach, wie ist der Mensch so sündig! –
Lene, Lene! Gehe in dich! –

Und sie eilet tieferschüttert
Zu dem Schranke schmerzdurchzittert.
Fort! Ihr falschgesinnten Zöpfe,
Schminke und Pomadetöpfe!

Fort! Du Apparat der Lüste,
Hochgewölbtes Herzgerüste!

Fort vor allem mit dem Übel
Dieser Lust- und Sündenstiebel!

Trödelkram der Eitelkeit,
Fort! Und sei der Glut geweiht!!

Oh, wie lieblich sind die Schuhe
Demutsvoller Seelenruhe!! –

Sieh, da geht Helene hin,
Eine schlanke Büßerin!

Sechzehntes Kapitel

Es ist ein Brauch von alters her:
Wer Sorgen hat, hat auch Likör!

»Nein!« – ruft Helene – »Aber nun
Will ich's auch ganz – und ganz – und ganz –
und ganz gewiss nicht wieder tun!«

Sie kniet von ferne fromm und frisch.
Die Flasche stehet auf dem Tisch.

Es lässt sich knien auch ohne Pult. –
Die Flasche wartet mit Geduld.

Man liest nicht gerne weit vom Licht. –
Die Flasche glänzt und rührt sich nicht.

Oft liest man mehr als wie genug.
Die Flasche ist kein Liederbuch.

Gefährlich ist des Freundes Nähe.
O Lene, Lene! Wehe, wehe!

Oh sieh! – Im selgen Nachtgewande
Erscheint die jüngstverstorbne Tante.

Mit geisterhaftem Schmerzgetöne –
»Helene!« – ruft sie – »Oh, Helene!!!«

Umsonst!! – Es fällt die Lampe um,
Gefüllt mit dem Petroleum.

Und hilflos und mit Angstgewimmer
Verkohlt dies fromme Frauenzimmer.

Hier sieht man ihre Trümmer rauchen
Der Rest ist nicht mehr zu gebrauchen.

Siebzehntes Kapitel

Hu! Draußen welch ein schrecklich Grausen!
Blitz, Donner, Nacht und Sturmesbrausen! –

Schon wartet an des Hauses Schlote
Der Unterwelt geschwänzter Bote.

Zwar Lenens guter Genius
Bekämpft den Geist der Finsternus.

Doch dieser kehrt sich um und packt
Ihn mit der Gabel zwiegezackt.

O weh, o weh! der Gute fällt!
Es siegt der Geist der Unterwelt.

Er fasst die arme Seele schnelle

Und fährt mit ihr zum Schlund der Hölle.

Hinein mit ihr!! – Huhu! Haha!
Der heilge Franz ist auch schon da.

Schluss

Als Onkel Nolte dies vernommen,
War ihm sein Herze sehr beklommen.

Doch als er nun genug geklagt:
»Oh!« – sprach er – »Ich hab's gleich gesagt!

Das Gute – dieser Satz steht fest –
Ist stets das Böse, was man lässt!

Ei ja! – Da bin ich wirklich froh!
Denn, Gott sei Dank! Ich bin nicht so!!«

Tobias Knopp
Abenteuer eines Junggesellen

Die Sache wird bedenklich

Sokrates, der alte Greis,
Sagte oft in tiefen Sorgen:
»Ach, wie viel ist doch verborgen,
Was man immer noch nicht weiß.«

Und so ist es. – Doch indessen
Darf man eines nicht vergessen:
Eines weiß man doch hienieden,
Nämlich, wenn man unzufrieden. –

Dies ist auch Tobias Knopp,
Und er ärgert sich darob.

Seine zwei Kanarienvögel
Die sind immer froh und kregel,

Während ihn so manches quält,
Weil es ihm bis dato fehlt.

Ja, die Zeit entfliehet schnell;
Knopp, du bist noch Junggesell! –

Zwar für Stiefel, Bett, Kaffee
Sorgt die gute Dorothee;
Und auch, wenn er dann und wann
Etwas nicht alleine kann,

Ist sie gleich darauf bedacht,
Dass sie es zurechte macht.
Doch ihm fehlt Zufriedenheit. –

Nur mit großer Traurigkeit
Bleibt er vor dem Spiegel stehn,

Um sein Bildnis zu besehn.
Vornerum ist alles blank;
Aber hinten, gottseidank,
Denkt er sich mit frohem Hoffen,
Wird noch manches angetroffen.

Oh, wie war der Schreck so groß!
Hinten ist erst recht nichts los.

Und auch hier tritt ohne Frage
Nur der pure Kopf zutage. –

Auch bemerkt er außerdem,
Was ihm gar nicht recht bequem,

Dass er um des Leibes Mitten
Längst die Wölbung überschritten,
Welche für den Speiseschlauch,
Bei natürlichem Gebrauch,
Wie zum Trinken, so zum Essen,
Festgesetzt und abgemessen. –
Doch es bietet die Natur
Hierfür eine sanfte Kur.

Draußen, wo die Blumen sprießen,
Karrelsbader Salz genießen
Und melodisch sich bewegen,
Ist ein rechter Himmelssegen;
Und es steigert noch die Lust,
Wenn man immer sagt: Du musst.

Knopp, der sich dazu entschlossen,

Wandelt treu und unverdrossen.

Manchmal bleibt er sinnend stehn,

Manchmal kann ihn keiner sehn.

Aber bald so geht er wieder
Treubeflissen auf und nieder. –

Dieses treibt er vierzehn Tage;
Darnach steigt er auf die Waage,

Und da wird es freudig kund:
Heißa, minus zwanzig Pfund!

Wieder schwinden vierzehn Tage,
Wieder sitzt er auf der Waage,
Autsch, nun ist ja offenbar

Alles wieder, wie es war.

Ach, so denkt er, diese Welt
Hat doch viel, was nicht gefällt.

Rosen, Tanten, Basen, Nelken
Sind genötigt zu verwelken;

Ach und endlich auch durch mich
Macht man einen dicken Strich.
Auch von mir wird man es lesen:
Knopp war da und ist gewesen.
Ach, und keine Träne fließt
Aus dem Auge, was es liest;
Keiner wird, wenn ich begraben,
Unbequemlichkeiten haben;
Keine Seele wird geniert,
Weil man keinen Kummer spürt.
Dahingegen spricht man dann:
Was geht dieser Knopp uns an?

Dies mag aber Knopp nicht leiden.
Beim Gedanken, so zu scheiden
In ein unverziertes Grab,
Drückt er eine Träne ab.
Sie liegt da, wo er gesessen,

Seinem Schmerze angemessen.

Dieses ist ja fürchterlich.
Also, Knopp, vermähle dich.
Mach dich auf und sieh dich um,
Reise mal 'n bissel rum.
Sieh mal dies und sieh mal das,
Und pass auf, du findest was.

Einfach ist für seine Zwecke
Das benötigte Gepäcke;

Und die brave Dorothee
Ruft: »Herr Knopp, nanu adjeh!«

Eine alte Flamme

Allererst und allsofort
Eilet Knopp an jenen Ort,
Wo sie wohnt die Wohlbekannte,
Welche sich Adele nannte;
Jene reizende Adele,
Die er einst mit ganzer Seele
Tiefgeliebt und hochgeehrt,
Die ihn aber nicht erhört,
So dass er, seit dies geschah,

Nur ihr süßes Bildnis sah.

Transpirierend und beklommen,
Ist er vor die Tür gekommen,
Oh, sein Herze klopft so sehr,
Doch am Ende klopft auch er.

»Himmel«, – ruft sie – »welches Glück!!«

(Knopp sein Schweiß der tritt zurück.)

»Komm, geliebter Herzensschatz,
Nimm auf der Berschäre Platz!

Nur an dich bei Tag und Nacht,
Süßer Freund, hab ich gedacht.

Unaussprechlich inniglich,
Freund und Engel, lieb ich dich!«
Knopp, aus Mangel an Gefühl,
Fühlt sich wieder äußerst schwül;
Doch in dieser Angstsekunde
Nahen sich drei fremde Hunde.

»Hülfe, Hülfe!« – ruft Adele –
»Hilf, Geliebter meiner Seele!!!«

Knopp hat keinen Sinn dafür.
Er entfernt sich durch die Tür. –
Schnell verlässt er diesen Ort
Und begibt sich weiter fort.

Ein schwarzer Kollege

Knopp verfügt sich weiter fort
Bis an einen andern Ort.
Da wohnt einer, den er kannte,
Der sich Förster Knarrtje nannte. –

Unterwegs bemerkt er bald
Eine schwärzliche Gestalt,

Und nun biegt dieselbe schräg
Ab auf einen Seitenweg.

Sieh, da kommt ja Knarrtje her!

»Alter Knopp, das freut mich sehr!«

Traulich wandeln diese zwei
Nach der nahen Försterei.

»So, da sind wir, tritt hinein;
Meine Frau die wird sich freun!

He, zum Teufel, was ist das?
Alleh, Waldmann, alleh fass!

Oh, tu tu verruchtes Weib,
Jetzt kommt Knarrtje dir zu Leib!«

Knopps Vermittlung will nicht glücken.
Wums! da liegt er auf dem Rücken.

Schnell verlässt er diesen Ort
Und begibt sich weiter fort.

Rektor Debisch

Knopp begibt sich weiter fort
Bis an einen andern Ort.
Da wohnt einer, den er kannte,
Der sich Rektor Debisch nannte.

Er erteilet seinem Sohn
Eben eine Lektion,
Die er aber unterbricht,
Als er Knopp zu sehen kriegt.

Zu dem Sohne spricht er dann:
»Kuno, sag ich, sieh mich an!
Höre zu und merke auf!
Richte itzo deinen Lauf
Dahin, wo ich dir befehle,
Nämlich in die Kellerhöhle.
Dorten lieget auf dem Stroh
Eine Flasche voll Bordeaux.

Diese Flasche, sag ich dir,
Zieh herfür und bringe mir!«

Kuno eilet froh und prompt,
Dass er in den Keller kommt,
Wo er still und wohlgemut
Etwas von dem Traubenblut

In sich selbst herüberleitet,
Was ihm viel Genuss bereitet.
Die dadurch entstandne Leere
Füllt er an der Regenröhre. –

Rotwein ist für alte Knaben

Eine von den besten Gaben:

Gern erhebet man das Glas.

Aber Knopp der findet was.

»Ei« – spricht Debisch – »dieses ist,
Sozusagen, Taubenmist.

Ei, wie käme dieses dann?

Kuno, sag ich, sieh mich an!!«

Drauf nach diesem strengen Blick

Kommt er auf den Wein zurück.

Aber Knopp verschmäht das Glas,

Denn schon wieder sieht er was.

»Dies« – spricht Debisch – »scheint mir ein
Neugeborner Spatz zu sein.
Ei, wie käme dieses dann?!

Kuno, sag ich, sieh mich an!!
Deiner Taten schwarzes Bild
Ist vor meinem Blick enthüllt;

Und nur dieses sage ich:
Pfui, mein Sohn, entferne dich!! –«

Das ist Debisch sein Prinzip:
Oberflächlich ist der Hieb.
Nur des Geistes Kraft allein
Schneidet in die Seele ein.

Knopp vermeidet diesen Ort

Und begibt sich weiter fort.

Ländliches Fest

Knopp begibt sich weiter fort
Bis an einen andern Ort.
Da wohnt einer, den er kannte,
Der sich Meister Druff benannte.
Druff hat aber diese Regel:
Prügel machen frisch und kregel
Und erweisen sich probat
Ganz besonders vor der Tat.
Auch zum heutgen Schützenfeste
Scheint ihm dies für Franz das Beste.
Drum hört Knopp von weitem schon

Den bekannten Klageton.

Darnach wandelt man hinaus
Schön geschmückt zum Schützenhaus. –

Gleich verschafft sich hier der Franz
Eines Schweines Kringelschwanz,
Denn er hat es längst beachtet,
Dass der Wirt ein Schwein geschlachtet;

Und an Knoppens Fracke hing
Gleich darauf ein krummes Ding. –

Horch, da tönet Horngebläse
Und man schreitet zur Française.

Keiner hat so hübsch und leicht
Sich wie unser Knopp verbeugt;

Keiner weiß sich so zu wiegen
Und den Tönen anzuschmiegen;

Doch die höchste Eleganz
Zeiget er im Solotanz.
Hoch erfreut ist jedermann,
Dass Herr Knopp so tanzen kann.

Leider ist es schon vorbei.

Und er schreitet stolz und frei
Wiederum zu seinem Tische,

Dass er etwas sich erfrische.

Rums! – Der Franz entfernt die Bank,
So dass Knopp nach hinten sank! –
Zwar er hat sich aufgerafft,
Aber doch nur mangelhaft.
Und er fühlt mit Angst und Beben:

Knopp, hier hat es Luft gegeben! –

Schnell verlässt er diesen Ort
Und begibt sich weiter fort.

Die stille Wiese

Knopp begibt sich weiter fort
Bis an einen stillen Ort.

Hier auf dieser Blumenwiese,
Denn geeignet scheinet diese,

Kann er sich gemütlich setzen,
Um die Scharte auszuwetzen

Und nach all den Angstgefühlen
Sich ein wenig abzukühlen.

Hier ist alles Fried und Ruh,
Nur ein Häslein schauet zu.

Sieh da kommt der Bauer Jochen.
Knopp hat sich nur leicht verkrochen,

Doch mit Jochen seiner Frau
Nimmt er es schon mehr genau.
Kurz war dieser Aufenthalt.
Und mit Eifer alsobald

Richtet Knopp sein Augenmerk
Auf das angefangne Werk. –

Kaum hat er den Zweck erreicht,
Wird er heftig aufgescheucht,
Und es zeigt sich, achherrje,
Jetzt sind Damen in der Näh.
Plumps! – Man kommt. – Indes von Knopp

Sieht man nur den Kopf, gottlob! –

Wie erschrak die Gouvernante,
Als sie die Gefahr erkannte.
Ängstlich ruft sie: »O mon dieu!
C'est un homme, fermez les yeux!«

Knopp, auf möglichst schnelle Weise,
Schlüpfet in sein Beingehäuse.

Dann verlässt er diesen Ort
Und begibt sich weiter fort.

Babbelmann

Knopp begibt sich weiter fort
Bis an einen andern Ort.
Da wohnt einer, den er kannte,
Der sich Babbelmann benannte;
Der ihm immer so gefallen
Als der Lustigste von allen.

Schau, da tritt er aus der Tür.
»Na«, ruft Knopp, »jetzt bleib ich hier!«

Worauf Babbelmann entgegnet:

»Werter Freund, sei mir gesegnet!

Erstens in Betreff Logis,
Dieses gibt es nicht allhie,
Denn ein Pater hochgelehrt
Ist soeben eingekehrt.
Zweitens dann: für Essen, Trinken
Seh ich keine Hoffnung blinken.
Heute mal wird nur gebetet,
Morgen wird das Fleisch getötet,
Übermorgen beichtet man,
Und dann geht das Pilgern an.
Ferner drittens, teurer Freund –
Pist! – denn meine Frau erscheint!«

Knopp, dem dieses ungelegen,
Wünscht Vergnügen, Heil und Segen
Und empfiehlt sich alsobald
Äußerst höflich, aber kalt. –

Schnelle flieht er diesen Ort
Und begibt sich weiter fort.

Wohlgemeint wird abgelehnt

Knopp verfügt sich weiter fort
Bis an einen andern Ort.
Da wohnt einer, den er kannte,
Der sich Küster Plünne nannte.

Knopp der tritt durchs Gartengatter,
Siehe, da ist Hemdgeflatter,
Woraus sich entnehmen lässt:
Plünnens haben Wäschefest.

Dieses findet Knopp bekräftigt

Dadurch, wie der Freund beschäftigt.

Herzlich wird er aufgenommen.
Plünne rufet: »Ei, willkommen!

Gleich besorg ich dir zu essen,

Halte mal das Kind indessen.«

Knopp ist dieses etwas peinlich.
Plünne machet alles reinlich.

Knopp der fühlt sich recht geniert.
Plünne hat derweil serviert.
Jetzt eröffnet er das Bette
Der Familienlagerstätte.

In dem Bette, warm und schön,
Sieht man eine Schale stehn.

Nämlich dieses weiß ein jeder:
Wärmehaltig ist die Feder.
Hat man nun das Mittagessen
Nicht zu knappe zugemessen,
Und, gesetzt den Fall, es wären
Von den Bohnen oder Möhren
Oder, meinetwegen, Rüben
Ziemlich viel zurückgeblieben,
Dann so ist das Allerbeste,
Dass man diese guten Reste
Aufbewahrt in einem Hafen,

Wo die guten Eltern schlafen,
Weil man, wenn der Abend naht,
Dann sogleich was Warmes hat.
Diese praktische Methode
Ist auch Plünnens ihre Mode.

»So« – ruft Plünne – »Freund, nanu
Setz dich her und lange zu!«

Knopp hat aber, wie man sieht,
Keinen rechten Appetit.

Schnell verlässt er diesen Ort
Und begibt sich weiter fort.

Freund Mücke

Knopp begibt sich weiter fort
Bis an einen andern Ort.
Da wohnt einer, den er kannte,
Welcher Mücke sich benannte.

Wie es scheint, so lebt Herr Mücke
Mit Frau Mücke sehr im Glücke.
Eben hier, bemerken wir,
Küsst er sie und spricht zu ihr:

»Also Schatz, ade derweil!
Ich und Knopp, wir haben Eil.
Im historischen Verein
Wünscht er eingeführt zu sein.«

Bald so öffnet sich vor ihnen
Bei der Kirche der Kathrinen

Im Hotel zum blauen Aal
Ein gemütliches Lokal.

Mücke scheinet da nicht fremd,
Er bestellt, was wohlbekömmt.

Junge Hähnchen, sanft gebraten,
Dazu kann man dringend raten,

Und man darf getrost inzwischen
Etwas Rheinwein druntermischen.

Nötig ist auf alle Fälle,
Dass man dann Mussö bestelle.

Nun erfreut man sich selbdritt,
Denn Kathinka trinket mit! –

»So, jetzt wären wir so weit,
Knopp, du machst wohl Richtigkeit.

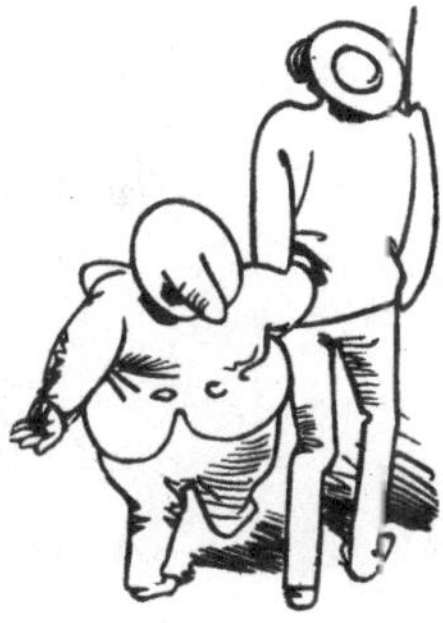

Lustig ist man fortspaziert
Zum Hotel, wo Knopp logiert.

Heftig bollert man am Tor,
Der Portier kommt nicht hervor.

»Komm« – ruft Mücke – »Knopp, komm hier,
Du logierst die Nacht bei mir!«

Schwierig, aus verschiednen Gründen,
Ist das Schlüsselloch zu finden.

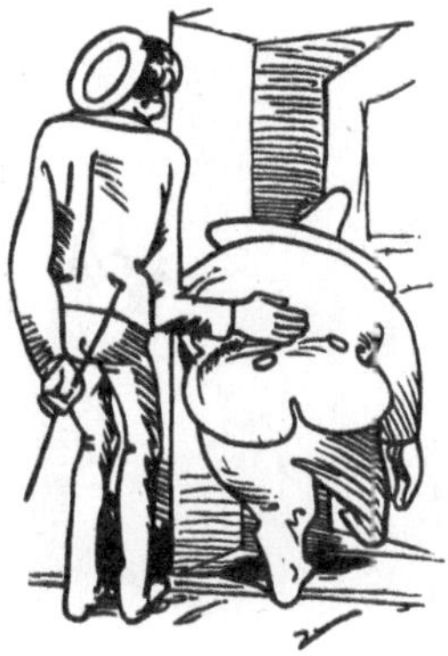

So so so! Jetzt nur gemach,
Tritt hinein, ich komme nach.

Knopp schiebt los, indessen Mücke
Bleibt mit Listigkeit zurücke.

Schrupp! – Wie Knopp hineingekommen,
Wird er an die Wand geklommen.
»Wart!«, ruft Mückens Ehgemahl –
»Warte, Lump, schon wieder mal!?«

Weil sie ihn für Mücken hält,
Hat sie ihm so nachgestellt.

Hei! Wie fühlt sich Knopp erfrischt,
Als der Besen saust und zischt.

Bums! Er fällt in einen Kübel,
Angefüllt mit dem, was übel.

Oh, was macht der Besenstiel
Für ein schmerzliches Gefühl!

Und als regellose Masse
Findet Knopp sich auf der Gasse.

Schnell verlässt er diesen Ort
Und begibt sich weiter fort.

Ein frohes Ereignis

Knopp verfügt sich weiter fort
Bis an einen andern Ort.
Da wohnt einer, den er kannte,
Der sich Sauerbrot benannte.

Sauerbrot, der fröhlich lacht,
Hat sich einen Punsch gemacht.

»Heißa!!« – rufet Sauerbrot –
»Heißa! meine Frau ist tot!!

Hier in diesem Seitenzimmer
Ruhet sie bei Kerzenschimmer.

Heute stört sie uns nicht mehr,
Also, Alter, setz dich her,

Nimm das Glas und stoße an,
Werde niemals Ehemann,
Denn als solcher, kann man sagen,
Muss man viel Verdruss ertragen.

Kauf Romane und Broschüren,
Zahle Flechten und Turnüren,
Seidenkleider, Samtjacketts,
Zirkus- und Konzertbilletts –
Ewig hast du Nöckerei.
Gott sei Dank, es ist vorbei!!«

Es schwellen die Herzen,
Es blinkt der Stern.
Gehabte Schmerzen
Die hab ich gern.

Knarr! – da öffnet sich die Tür.

Wehe! Wer tritt da herfür!?
Madam Sauerbrot, die schein-
Tot gewesen, tritt herein.

Starr vor Schreck wird Sauerbrot,

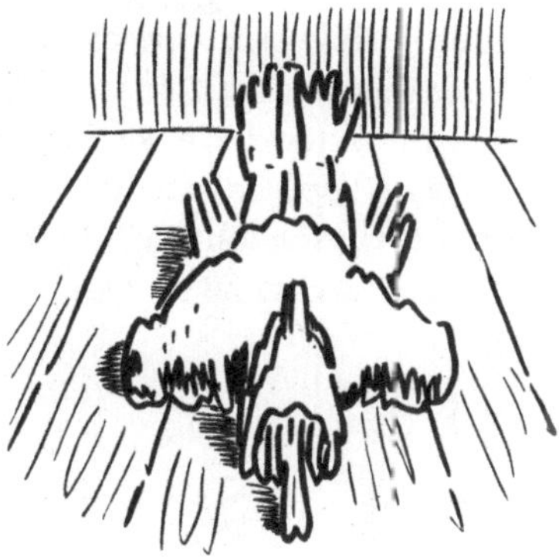

Und nun ist er selber tot. –

Knopp vermeidet diesen Ort
Und begibt sich eilig fort.

O weh!

Knopp verfügt sich weiter fort
Bis an einen andern Ort.
Da wohnt einer, den er kannte,
Welcher Piepo sich benannte. –
Aus dem Garten tönt Gelächter,
Piepo ist's und seine Töchter.

»Dies, mein lieber Knopp, ist Hilda,
Dort die ältre heißt Klotilda.
Hilda hat schon einen Freier,
Morgen ist Verlobungsfeier,
Doch Klotilda, ei ei ei,
Die ist noch bis dato frei.« –

Oh, wie ist der Abend milde!
Knopp der wandelt mit Klotilde,

Die ihm eine Rose pflückt. –
Und er fühlt es tief beglückt:
Knopp, in diesem Augenblick,
Da erfüllt sich dein Geschick. –
Drauf hat Piepo ihn geleitet,
Wo sein Lager zubereitet.

»Hier« – so spricht er – »dieser Saal
Ist für morgen Festlokal.

Hier zur Rechten ist die Klause,
Stillberühmt im ganzen Hause;

Und hier links da schlummerst du.

Wünsche recht vergnügte Ruh!«

Knopp ist durch und durch Gedanke
An Klotilde, jene Schlanke,
Und er drückt in süßem Schmerz
Ihre Rose an sein Herz.

»O Klotilde, du allein
Sollst und musst die Meine sein.« –
Darauf ist ihm so gewesen:
Knopp, du musst noch etwas lesen. –

Gern erfüllt er sein Verlangen;
Still ist er hinausgegangen

Und bei seiner Kerze Strahl
Hingewandelt durch den Saal. –

Oftmals kann man müde sein,
Setzt sich hin und schlummert ein. –
Erst des Morgens so um achte,
Als die Sonne freundlich lachte,
Dachte Knopp an sein Erwachen.
Er erwacht durch frohes Lachen. –
Dieses tut die Mädchenschar,
Welche schon beschäftigt war,
Um an dieses Festes Morgen

Für des Saales Schmuck zu sorgen. –

»Ewig kannst du hier nicht sein« –
Denket Knopp voll Seelenpein.

Und so strömt er wohlverdeckt
Da hervor, wo er gesteckt.

Groß ist seines Laufes Schnelle;
Aber ach, die Kammerschwelle
Ist ihm äußerst hinderlich.

Hopsa! – Er entblättert sich. –

Heimlich flieht er diesen Ort
Und begibt sich weiter fort.

Abschreckendes Beispiel

Knopp begibt sich eilig fort
Bis zum höchsten Bergesort.

Hier in öder Felsenritzen
Sieht er einen Klausner sitzen.

Dieser Klausner, alt und greis,
Tritt aus seinem Steingehäus.

Und aus Knoppen seiner Tasche
Hebt er ernst die Wanderflasche.

»Ich« – so spricht er – »heiße Krökel
Und die Welt ist mir zum Ekel.
Alles ist mir einerlei.

Mit Verlaub! Ich bin so frei.

Oh, ihr Bürsten, oh ihr Kämme,

Taschentücher, Badeschwämme,
Seife und Pomadebüchse,
Strümpfe, Stiefel, Stiefelwichse,
Hemd und Hose, alles gleich,
Krökel der verachtet euch.

Mir ist alles einerlei.

Mit Verlaub, ich bin so frei.

Oh, ihr Mädchen, oh, ihr Weiber,
Arme, Beine, Köpfe, Leiber,
Augen mit den Feuerblicken,
Finger, welche zärtlich zwicken,
Und was sonst für dummes Zeug –

Krökel der verachtet euch.

Mir ist alles einerlei.

Mit Verlaub, ich bin so frei.

Nur die eine, himmlisch Reine,
Mit dem goldnen Heilgenscheine
Ehre, liebe, bet ich an;
Dich, die keiner kriegen kann,
Dich, du süße, ei ja ja,

Heiige Emmerenzia.

Sonst ist alles einerlei.

Mit Verlaub, ich bin so frei.«

Hiermit senkt der Eremit
Sich nach hinten. – Knopp entflieht. –
Knopp der denkt sich: dieser Krökel
Ist ja doch ein rechter Ekel;
Und die Liebe per Distanz,
Kurz gesagt, missfällt mir ganz.

Schnell verlassend diesen Ort
Eilet er nach Hause fort.

Heimkehr und Schluss

Knopp der eilt nach Hause fort,
Und, sieh da, schon ist er dort.

Grade lüftet seine nette,
Gute Dorothee das Bette.

»Mädchen« – spricht er – »sag mir ob –«
Und sie lächelt: »Ja, Herr Knopp!«

Bald so wird es laut verkündet:
Knopp hat ehlich sich verbündet,

Tobias Knopp
Dorothea Lickefett

Erst nur flüchtig und zivil,
Dann mit Andacht und Gefühl. –

Na, nun hat er seine Ruh.

Ratsch! Man zieht den Vorhang zu.

Fipps, der Affe

Anfang

Pegasus, du alter Renner,
Trag mich mal nach Afrika,
Alldieweil so schwarze Männer
Und so bunte Vögel da.

Kleider sind da wenig Sitte;
Höchstens trägt man einen Hut,
Auch wohl einen Schurz der Mitte;
Man ist schwarz und damit gut. –

Dann ist freilich jeder bange,
Selbst der Affengreis entfleucht,
Wenn die lange Brillenschlange
Zischend von der Palme kreucht.

Kröten fallen auf den Rücken,
Ängstlich wird das Bein bewegt;
Und der Strauß muss heftig drücken,
Bis das große Ei gelegt.

Krokodile weinen Tränen,
Geier sehen kreischend zu;
Sehr gemein sind die Hyänen;
Schäbig ist der Marabu.

Nur die Affen, voller Schnacken,
Haben Vor- und Hinterhand;
Emsig mummeln ihre Backen;
Gerne hockt man beieinand.

Papa schaut in eine Stelle,
Onkel kratzt sich sehr geschwind,
Tante kann es grad so schnelle,
Mama untersucht das Kind.

Fipps – so wollen wir es nennen. –
Aber wie er sich betrug,
Wenn wir ihn genauer kennen,
Ach, das ist betrübt genug.

Selten zeigt er sich beständig,
Einmal hilft er aus der Not;
Anfangs ist er recht lebendig,
Und am Schlusse ist er tot.

Erstes Kapitel

Der Fipps, das darf man wohl gestehn,
Ist nicht als Schönheit anzusehn.
Was ihm dagegen Wert verleiht,
Ist Rührig- und Betriebsamkeit.

Wenn wo was los, er darf nicht fehlen;
Was ihm beliebt, das muss er stehlen;
Wenn wer was macht, er macht es nach;
Und Bosheit ist sein Lieblingsfach.

Es wohnte da ein schwarzer Mann,
Der Affen fing und briet sie dann.

Besonders hat er junge gern,
Viel lieber als die ältern Herrn.
»Ein alter Herr ist immer zäh!«
So spricht er oft und macht »Bebä!«

Um seine Zwecke zu erfüllen,
Wählt er drei leere Kürbishüllen.

Für auf den Kopf die große eine,
Für an die Hände noch zwei kleine.

So kriecht er in ein Bündel Stroh,
Macht sich zurecht und wartet so. –

Dies hat nun allerdings den Schein,
Als ob hier schöne Früchte sei'n.

Fipps, der noch nie so große sah,
Kaum sieht er sie, so ist er da.

Er wählt für seinen Morgenschmaus
Sich gleich den allergrößten aus.

Doch wie er oben sich bemüht,
Erfasst ihn unten wer und zieht,

Bis dass an jeder Hinterhand
Ringsum ein Kürbis sich befand.

So denkt ihn froh und nach Belieben
Der böse Mann nach Haus zu schieben.

An dieses Mannes Nase hing
Zu Schmuck und Zier ein Nasenring.

Fipps fasst den Reif mit seinem Schweif.
Der Schwarze wird vor Schrecken steif.

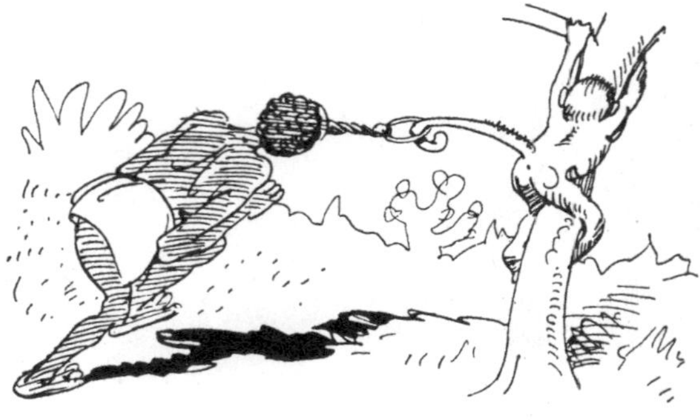

Die Nase dreht sich mehre Male
Und bildet eine Qualspirale.

Jetzt biegt der Fipps den langen Ast,
Bis er den Ring der Nase fasst.

Dem Neger wird das Herze bang,
Die Seele kurz, die Nase lang.

Am Ende gibt es einen Ruck,

Und oben schwebt der Nasenschmuck.

Der Schwarze aber aß seit dieser
Begebenheit fast nur Gemüser.

Zweites Kapitel

Natürlich lässt Fipps die ekligen Sachen,
Ohne neidisch zu sein, von anderen machen.
Dagegen aber, wenn einer was tut,
Was den Anschein hat, als tät es ihm gut,
Gleich kommt er begierig und hastig herbei,
Um zu prüfen, ob's wirklich so angenehm sei.

Mal saß er an des Ufers Rand
Auf einer Palme, die dorten stand.

Ein großes Schiff liegt auf dem Meer;
Vom Schiffe schaukelt ein Kahn daher.

Im kleinen Kahn da sitzt ein Mann,
Der hat weder Schuhe noch Stiefel an;

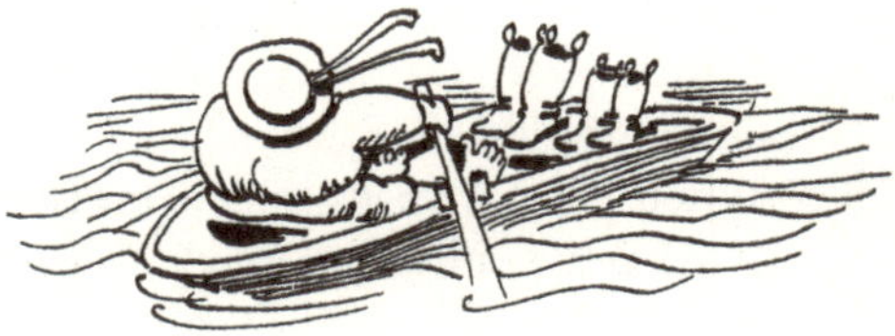

Doch vor ihm steht ganz offenbar
Ein großes und kleines Stiefelpaar.

Das kleine, das er mit sich führt,
Ist innen mit pappigem Pech beschmiert;
Und wie der Mann an das Ufer tritt,

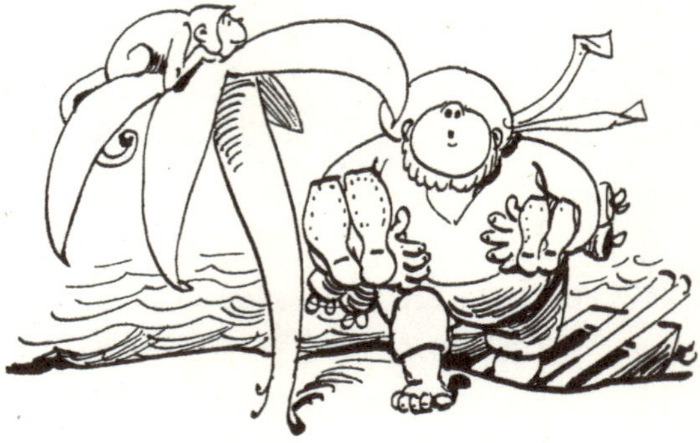

Bringt er die zwei Paar Stiefel mit.

Er trägt sie sorglich unter dem Arm
Und jammert dabei, dass es Gott erbarm.

Kaum aber ziehet der Trauermann
Sich einen von seinen Stiefeln an,

So mildern sich schon ganz augenscheinlich
Die Schmerzen, die noch vor kurzem so peinlich.

Und gar bei Stiefel Numero zwei
Zeigt er sich gänzlich sorgenfrei.

Dann sucht er in fröhlichem Dauerlauf
Den kleinen Nachen wieder auf
Und lässt aus listig bedachtem Versehn
Das kleine Paar Stiefel am Lande stehn.

Ratsch! ist der Fipps vom Baum herunter,

Ziehet erwartungsvoll und munter
Die Stiefel an seine Hinterglieder,

Und schau! der lustige Mann kommt wieder.

O weh! Die Stiefel an Fippsens Bein
Stören die Flucht. Man holt ihn ein.
Vergebens strampelt er ungestüm,

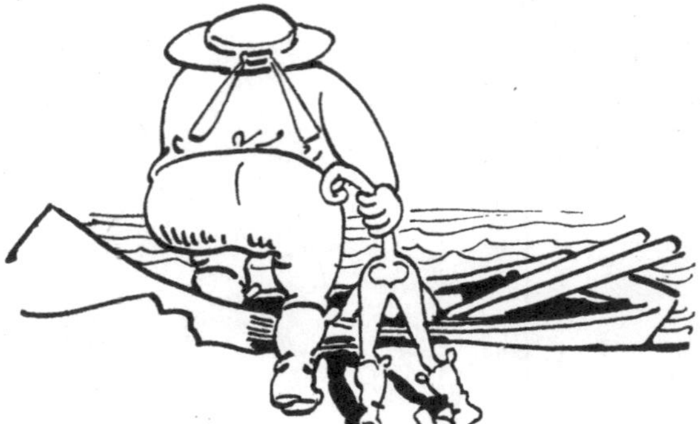

Der Schiffer geht in den Kahn mit ihm.

Zum Schiffe schaukelt und strebt der Kahn,
Das Schiff fährt über den Ozean,
Und selbiger Mann (er schrieb sich Schmidt)
Nimmt Fipps direkt nach Bremen mit.

Drittes Kapitel

Zu Bremen lebt gewandt und still
Als ein Friseur der Meister Krüll,

Und jedermann in dieser Stadt,
Wer Haare und wer keine hat,
Geht gern zu Meister Krüll ins Haus
Und kommt als netter Mensch heraus.

Auch Schmidt lässt sich die Haare schneiden.
Krüll sieht den Affen voller Freuden,
Er denkt: »Das wäre ja vor mir
Und meine Kunden ein Pläsier.«

Und weil ihn Schmidt veräußern will,
So kauft und hat ihn Meister Krüll.

Es kam mal so und traf sich nun,
Dass Krüll, da anders nichts zu tun,

In Eile, wie er meistens tat,
Das Seitenkabinett betrat,

Wo er die Glanzpomade kocht,
Perücken baut und Zöpfe flocht,
Kurz, wo die kunstgeübte Hand
Vollendet, was der Geist erfand.

Zur selben Zeit erscheint im Laden,
Mit dünnem Kopf und dicken Waden,

Der schlichtbehaarte Bauer Dümmel,
Sitzt auf den Sessel, riecht nach Kümmel
Und hofft getrost, dass man ihn schere,
Was denn auch wirklich nötig wäre.

Wipps! sitzt der Fipps auf seinem Nacken,
Um ihm die Haare abzuzwacken.

Die Schere zwickt, die Haare fliegen;
Dem Dümmel macht es kein Vergnügen.

Oha! Das war ein scharfer Schnitt,
Wodurch des Ohres Muschel litt.

»Hör upp!«, schreit Dümmel schmerzensbange.
Doch schon hat Fipps die Kräuselzange.

Das Eisen glüht, es zischt das Ohr,
Ein Dampfgewölk steigt draus hervor.

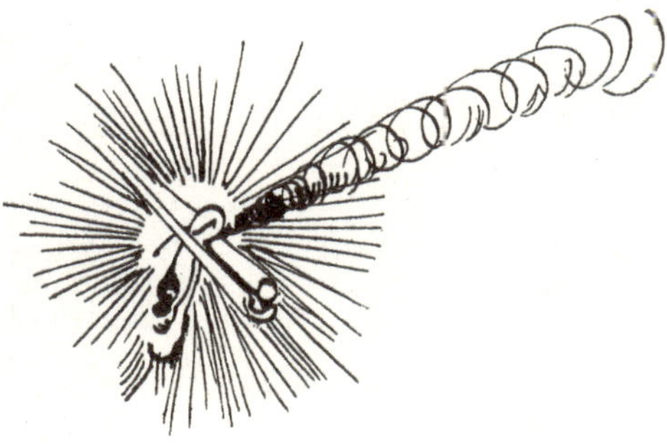

Die Schönheit dieser Welt verschwindet,
Und nur der Schmerz zieht, bohrt und mündet
In diesen einen Knotenpunkt,

Den Dümmel hier ins Wasser tunkt. –

Der Meister kommt. – Hoch schwingt die Rechte,
Wie zum Gefechte, eine Flechte.

Der Spiegel klirrt, die Hand erlahmt;
Der Meister Krüll wird eingerahmt.

»Mir scheint, ich bin hier unbeliebt!«
Denkt Fipps, der sich hinwegbegibt.

Viertes Kapitel

Dämmrung war es, als Adele
Mit dem Freunde ihrer Seele,
Der so gerne Pudding aß,
Traulich bei der Tafel saß.

»Pudding«, sprach er, »ist mein Bestes!«
Drum zum Schluss des kleinen Festes
Steht der wohlgeformte große
Pudding mit der roten Soße
Braun und lieblich dampfend da,
Was der Freund mit Wonne sah.

Aber, ach du meine Güte,
Plötzlich stockt das Herzgeblüte. –

Angelockt von Wohlgerüchen,
Hat sich Fipps herbeigeschlichen,
Um mit seinen giergen Händen
Diesen Pudding zu entwenden,
Hergestellt mit großem Fleiß.

Ätsch! Die Sache ist zu heiß! –

Ärgerlich ist solche Hitze.

Schlapp! Der Freund hat eine Mütze
Tief bis über beide Backen.

Platsch! Und in Adeles Nacken,
Tief bis unten in das Mieder,
Rinnt die rote Soße nieder.

So wird oft die schönste Stunde
In der Liebe Seelenbunde

Durch Herbeikunft eines Dritten
Mitten durch- und abgeschnitten;
Und im Innern wehmutsvoll
Tönt ein dumpfes: kolleroll!

Fünftes Kapitel

Für Fipps wird es dringende Essenszeit. –
Mit fröhlicher Gelenkigkeit
Durch eine Seitengasse entflieht er
Und schleicht in den Laden von einem Konditer.
Da gibt es schmackhafte Kunstgebilde,
Nicht bloß härtliche, sondern auch milde;
Da winken Krapfen und Mohrenköpfe,
Künstlich geflochtene Brezen und Zöpfe;
Auch sieht man da für gemischtes Vergnügen
Mandeln, Rosinen etcetera liegen. –

»Horch!«, ruft voll Sorge Konditer Köck,
»Was rappelt da zwischen meinem Gebäck?!«

Die Sorge verwandelt sich in Entsetzen,
Denn da steht Fipps mit Krapfen und Brezen.

Die Brezen trägt er in einer Reih
Auf dem Schwanz, als ob es ein Stecken sei,
Und aufgespießt, gleich wie auf Zapfen,
An allen vier Daumen sitzen die Krapfen.

Zwar Köck bemüht sich, dass er ihn greife
Hinten bei seinem handlichen Schweife,

Doch weil er soeben den Teig gemischt,
So glitscht er ab und der Dieb entwischt.

Nichts bleibt ihm übrig als lautes Gebröll,
Und grad kommt Mieke die alte Mamsell.

Unter hellem Gequieke fällt diese Gute
Platt auf die Steine mit Topf und Tute.
Durch ihre Beine eilt Fipps im Sprunge.

Ihn wirft ein schwärzlicher Schusterjunge
Mit dem Stulpenstiefel, der frisch geschmiert,
So dass er die schönen Krapfen verliert.

Auch wartet ein Bettelmann auf der Brücken

Mit einem Buckel und zween Krücken.

Derselbe verspürt ein großes Verlangen,
Die Brezeln vermittelst der Krücke zu fangen;

Dies kommt ihm aber nicht recht zunütze,
Denn Fipps entzieht ihm die letzte Stütze. –

Da liegt er nun, wie ein Käfer, am Rücken. –
Fipps aber begibt sich über die Brücken
Und eilet gar sehr beängstigt und matt
Mit der letzten Brezel aus dieser Stadt. –

Schon ist es dunkel und nicht geheuer.

Er schwingt sich über ein Gartengemäuer
Hier hofft er auf angenehm nächtliche Ruh. –

Klapp! schnappt die eiserne Falle zu. –

Sofort tritt aus dem Wohngebäude
Ein Herr und äußert seine Freude.

»Aha!« – so ruft er – »du bist wohl der,
Der Hühner stiehlt? Na, denn komm her!!«

Hiermit schiebt er ihn vergnüglich
In einen Sack. Und unverzüglich

Ohne jede weitre Besichtigung
Beginnt er die schmerzhafte Züchtigung.

Drauf schließt er ihn für alle Fälle
In einen der leeren Hühnerställe,

Damit er am andern Morgen sodann
Diesen Bösewicht näher besichtigen kann.

Sechstes Kapitel

Wer vielleicht zur guten Tat
Keine rechte Neigung hat,
Dem wird Fasten und Kastein
Immerhin erfrischend sein. –

Als der Herr von gestern Abend,
Fest und wohl geschlafen habend,
(Er heißt nämlich Doktor Fink)
Morgens nach dem Stalle ging,
Um zu sehn, wen er erhascht –
Ei, wie ist er überrascht,
Als bescheiden, sanft und zahm,
Demutsvoll und lendenlahm,

Fipps aus seinem Sacke steigt,
Näher tritt und sich verneigt.

Lächelnd reicht Frau Doktorin
Ihm den guten Apfel hin,
Und das dicke runde fette
Nette Kindermädchen Jette
Mit der niedlichen Elise,
Eiherrje! wie lachten diese. –

Zwei nur finden's nicht am Platze:
Schnipps der Hund und Gripps die Katze,
Die nicht ohne Missvertrauen
Diesen neuen Gast beschauen.
Fipps ist aber recht gelehrig
Und beträgt sich wie gehörig.

Morgens früh, so flink er kann,
Steckt er Fink die Pfeife an.
Fleißig trägt er dürre Reiser,
Ja, Kaffee zu mahlen weiß er,
Und sobald man musiziert,
Horcht er still, wie sich's gebührt.
Doch sein innigstes Vergnügen
Ist Elisen sanft zu wiegen,
Oder, falls sie mal verdrossen,
Zu erfreun durch schöne Possen.
Kurz, es war sein schönster Spaß,
Wenn er bei Elisen saß. –

Dafür kriegt er denn auch nun
Aus verblümtem Zitzkattun
Eine bunte und famose
Hinten zugeknöpfte Hose;
Dazu, reizend von Geschmack,
Einen erbsengrünen Frack;

Und so ist denn gegenwärtig
Dieser hübsche Junge fertig.

Siebentes Kapitel

Elise schläft in ihrer Wiegen.
Fipps passt geduldig auf die Fliegen.
Indessen denkt die runde Jette,
Was sie wohl vorzunehmen hätte,
Sieht eine Wespe, die verirrt
Am Fenster auf- und niederschwirrt,

Und treibt das arme Stacheltier
In eine Tute von Papier.

Sanft lächelnd reicht sie ihm die Tute,
Damit er Gutes drin vermute.

Er öffnet sie geschickt und gern,
Denn jeder Argwohn liegt ihm fern.

Schnurr pick! Der Stachel sitzt im Finger.
Der Schmerz ist gar kein so geringer.

Doch Fipps hat sich alsbald gefasst,
Zermalmt das Ding, was ihm verhasst,

Setzt sich dann wieder an die Wiegen
Und passt geduldig auf die Fliegen. –

Vor allen eine ist darunter,
Die ganz besonders frech und munter.
Jetzt sitzt sie hier, jetzt summt sie da,
Bald weiter weg, bald wieder nah.

Jetzt krabbelt sie auf Jettens Jacke,

Jetzt wärmt sie sich auf Jettens Backe.
Das gute Kind ist eingenickt.
Kein Wunder, wenn sie nun erschrickt,

Denn, schlapp! die Fliege traf ein Hieb,

Wovon sie starb und sitzen blieb.

Fipps aber hockt so friedlich da,
Als ob dies alles nicht geschah,

Und schließet seine Augen zu
Mit abgefeimter Seelenruh.

Achtes Kapitel

Kaum hat mal einer ein bissel was,
Gleich gibt es welche, die ärgert das. –

Fipps hat sich einen Knochen stibitzt,
Wo auch noch ziemlich was drannen sitzt.

Neidgierig hocken im Hintergrund
Gripps der Kater und Schnipps der Hund.

Wauwau! sie sausen von ihrem Platze.

Happs! macht der Hund, kritzekratze! die Katze;
Dass Fipps in ängstlichem Seelendrang

Eilig auf einen Schrank entsprang,
Allwo man aufbewahren tät
Mancherlei nützliches Handgerät.

Und Gripps der Kater und Schnipps der Hund
Schleichen beschämt in den Hintergrund.

Fipps aber knüpft mit der Hand gewandt
Den Knochen an ein Band, was er fand,
Und schlängelt dasselbe voller List
Durch einen Korb, welcher löchricht ist.

Sogleich folgt Gripps dem Bratengebein

Bis tief in das Korbgeflecht hinein.

Schwupp! hat ihn der Fipps drin festgedrückt,
Und mit der Zange, die beißt und zwickt,

Entfernt er sorgsam die scharfen Klauen.
Ach, wie so kläglich muss Gripps miauen,

Denn grade in seinen Fingerspitzen
Hat er die peinlichsten Nerven sitzen.

Jetzt wird auch noch der Schweif gebogen
Und durch des Korbes Henkel gezogen.

Mit einer Klammer versieht er ihn,
Damit er nicht leichtlich herauszuziehn.
Schnipps der Hund schnappt aber derweilen
Den Knochen und möchte von dannen eilen.

Dieses gelingt ihm jedoch nicht ganz,
Denn Fipps erwischt ihn bei seinem Schwanz

Und schwingt ihn solchermaßen im Kreis,
Bis er nichts Gescheits mehr zu denken weiß.

Hiernach, gewissermaßen als Schlitten,
Ziehet er ihn in des Hofes Mitten

Und lässet ihn dorten mal soeben
Über dem Abgrund des Brunnens schweben,
Wo ein schwäch- und ängstlich Gemüt
Nur ungern hängt und hinuntersieht.

Drauf so führt er ihn hinten nach
An des Daches Rinne bis auf das Dach

Und lehnet ihn über den Schlot allhier.
Draus gehet ein merklicher Dampf herfür. –
Dem Auge höchst peinlich ist der Rauch,
Auch muss man niesen und husten auch,
Und schließlich denkt man nichts weiter als bloß:
»Jetzt wird's mir zu dumm und ich lasse los!« –
So wird dieser Rauch immer stärker und stärker.
Schnipps fällt rücküber und auf den Erker,

Und Gripps, der grad aus der Luke fährt,

Fühlt plötzlich, ihm wird der Korb beschwert.

Hulterpulter, sie rumpeln in großer Hast

Vom Dach und baumeln an einem Ast.

Hier trennt man sich nicht ohne Pein

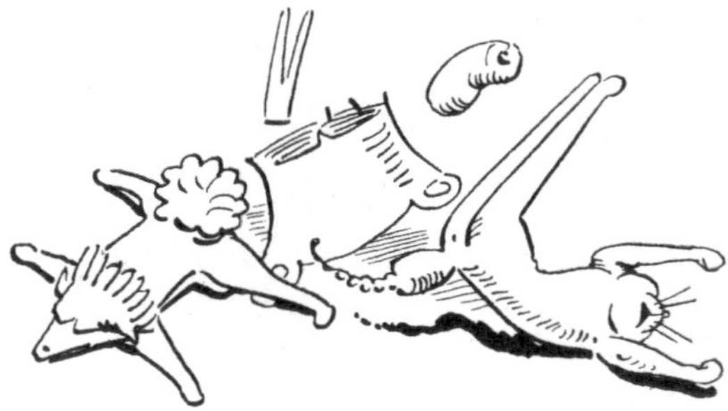

Und jeder ist wieder

für sich allein.

Seitdem ward Fipps von diesen zween

Als Meister verehrt und angesehn.

Neuntes Kapitel

Mit Recht erscheint uns das Klavier,
Wenn's schön poliert, als Zimmerzier.
Ob's außerdem Genuss verschafft,
Bleibt hin und wieder zweifelhaft.

Auch Fipps fühlt sich dazu getrieben,
Die Kunst in Tönen auszuüben.

Er zeigt sich wirklich recht gewandt,
Selbst mit der linken Hinterhand.

Und braucht er auch die Rechte noch,

Den Apfel den genießt er doch.

Zu Kattermäng gehören zwei.
Er braucht sich bloß allein dabei.

Piano klingt auf diese Weise
Besonders innig, weich und leise.

Jetzt stimmen ein mit Herz und Mund
Der Kater Gripps und Schnipps der Hund.

Bei dem Duett sind stets zu sehn
Zwei Mäuler, welche offen stehn.

Oft wird es einem sehr verdacht,
Wenn er Geräusch nach Noten macht.

Der Künstler fühlt sich stets gekränkt,
Wenn's anders kommt, als wie er denkt.

Zehntes Kapitel

Wöhnlich im Wechselgespräch beim angenehm
schmeckenden Portwein
Saßen Professor Klöhn und Fink der würdige Doktor.
Aber jener beschloss, wie folgt, die belehrende Rede:
»Oh, verehrtester Freund! Nichts gehet doch über die hohe
Weisheit der Mutter Natur. – Sie erschuf ja so mancherlei
Kräuter,
Harte und weiche zugleich, doch letztere mehr zu Gemüse.
Auch erschuf sie die Tiere, erfreulich, harmlos und nutzbar;

Hüllte sie außen in Häute, woraus man Stiefel verfertigt,
Füllte sie innen mit Fleisch von sehr beträchtlichem
Nährwert;

Aber erst ganz zuletzt, damit er es dankend benutze,
Schuf sie des Menschen Gestalt und verlieh ihm die
Öffnung des Mundes.

Aufrecht stehet er da, und alles erträgt er mit Würde.«

Also sprach der Professor, erhub sich und setzte den Hut auf.

Wehe, die Nase hernieder, ins Mundloch rieselt die Tinte.

Wehe, durch Gummi verklebt, fest haftet das nützliche Sacktuch.

Drohend mit Zorngebärde erhebt er den schlanken
Spazierstock.

Autsch! Ein schmerzlich Geflecht umschlinget den
schwellenden Daumen.

Hastig begibt er sich fort; indessen die Würde ist mäßig.

Elftes Kapitel

Wie gewöhnlich liest die Jette
Wieder nachts in ihrem Bette.
Auf dem Kopf hat sie die Haube,
In der Hand die Gartenlaube.

Hieran will sie sich erfreun,

Duselt, nickt und schlummert ein.
An das Unschlittkerzenlicht
Daran freilich denkt sie nicht. –

Erst brennt nur die Zeitungsecke,

Dann der Vorhang, dann die Decke.

Schließlich brennt das ganze Haus;

Unten läuft man schon heraus. –

Vater Fink, er läuft nicht schlecht,
Trägt den treuen Stiefelknecht.

Mutter Fink, besorgt vor allen,
Rettet ihre Mäusefallen.

Jette schwebt vom Fensterrand;
Sie ist etwas angebrannt.

Doch sie sinkt ins Regenfass,

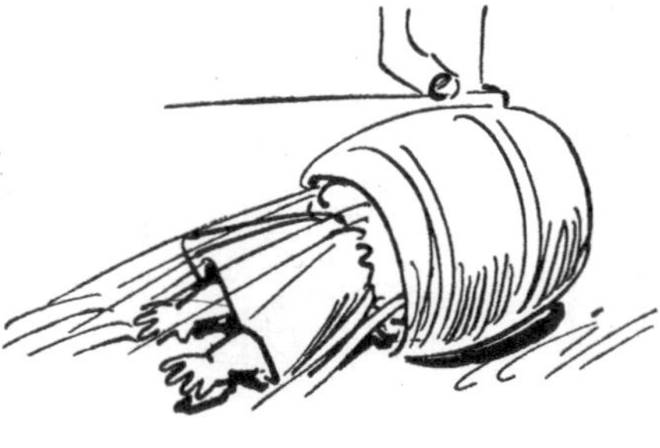

Wo es drinnen kühl und nass. –

Also sicher wären diese. –

Aber ach, wo ist Elise??!

Seht nach oben! Fipps der Brave
Hält das Kind, was fest im Schlafe.

Aus dem Fenster, hoch im Raume,
Schwingt er sich zum nächsten Baume.

Höchst besorgt, wie eine Amme,
Rutscht er abwärts an dem Stamme.

Sanft legt er Elisen nieder.
Sie hat ihre Eltern wieder;

Und die Flasche steht dabei,
Falls Elise durstig sei. –

Zwölftes Kapitel

Fink hat versichert, Gott Lob und Dank,
Bei der Aachener Feuerversicherungs-Bank,
Und nach zwei Jahren so ungefähr
Wohnt er weit schöner als wie vorher. –

Fipps natürlich der hat es seitdem
In jeder Hinsicht sehr angenehm. –

Dies aber wird ihm im höchsten Grad
Unerträglich und wirklich fad.
Denn, leider Gottes, so ist der Schlechte,
Dass er immer was anderes möchte.
Auch hat er ein höchst verruchtes Gelüst,
Grade so zu sein, wie er eben ist.

Mal traf es sich, dass die Familie Fink
Zusammen aus- und spazierenging,
Um nebst Besorgung von anderen Sachen
Professor Klöhn einen Besuch zu machen. –

Fipps sehnt sich förmlich nach bösen Streichen.

Sein Plan steht fest. Er will entweichen.

Schon ist er im Feld. Die Hasen fliehn.
Einen Wanderer sieht man des Weges ziehn.

Sehr heftig erschrickt der Wandersmann.
Die Töpfersfrau geht still voran.

Zuweilen fällt das Topfgeschirr,
Und dann zerbricht es mit großem Geklirr.

In jenem Haus da, so fügt's der Himmel,
Wohnt grad der bewusste Bauer Dümmel;

Und Dümmels Küchlein piepsen bang,
Denn Fipps zieht ihnen die Hälse lang.

Da steht auch Dümmels kleiner Sohn
Mit dem Butterbrot. –

Fipps hat es schon.
Des kleinen Dümmels durchdringender Schrei
Lockt seine erschrockene Mutter herbei.

Mit den Schreckensworten: »Da kummt de Dübel!«
Fällt sie in einen dastehenden Kübel.

Doch Dümmel schreit und kennt ihn gleich wieder:
»Dat is de verdammtige Haresnieder!«

Schnell fasst er die Flinte, ein Schießeding,
Was da seit Anno fünfzehn hing.

Auch sammeln sich eilig von jeglicher Seite
Die Nachbarsleute, gerüstet zum Streite.

Sie alle machen großmächtige Schritte,

Und plötzlich ruft einer: »Kiek kiek, da sitt'e!«
Jetzt harret ein jeglicher ängstlich und stumm.

Dümmel legt an. – Er zielt. – Er drückt. –

Dann geht es: Wumm!!
Groß ist der Knall und der Rückwärtsstoß,
Denn jahrelang ging diese Flinte nicht los.

Ende

Wehe! Wehe! Dümmel zielte wacker.
Fipps muss sterben, weil er so ein Racker. –

Wie durch Zufall kommen alle jene,
Die er einst gekränkt, zu dieser Szene.

Droben auf Adelens Dienersitze
Thront der Schwarze mit dem Nasenschlitze.
Mieke, Krüll und Köck mit seinem Bauch.
Wandrer, Töpfersfrau, der Bettler auch;
Alle kommen; doch von diesen allen
Lässt nicht einer eine Träne fallen.
Auch ist eine solche nicht zu sehn
In dem Auge von Professor Klöhn,
Der mit Fink und Frau und mit Elisen
Und mit Jetten wandelt durch die Wiesen.
Nur Elise fasste Fippsens Hand,
Während ihr das Aug voll Tränen stand.

»Armer Fipps!«, so spricht sie herzig treu.
Damit stirbt er. Alles ist vorbei.

Man begrub ihn hinten in der Ecke,
Wo in Finkens Garten an der Hecke
All die weißen Doldenblumen stehn.
Dort ist, sagt man, noch sein Grab zu sehn.
Doch, dass Kater Gripps und Schnipps der Hund
Ganz untröstlich, sagt man ohne Grund.

Balduin Bählamm,
der verhinderte Dichter

Erstes Kapitel

Wie wohl ist dem, der dann und wann
Sich etwas Schönes dichten kann!

Der Mensch, durchtrieben und gescheit,
Bemerkte schon seit alter Zeit,
Dass ihm hienieden allerlei
Verdrießlich und zuwider sei.

Die Freude flieht auf allen Wegen;
Der Ärger kommt uns gern entgegen.

Gar mancher schleicht betrübt umher;
Sein Knopfloch ist so öd und leer.
Für manchen hat ein Mädchen Reiz,
Nur bleibt die Liebe seinerseits.

Doch gibt's noch mehr Verdrießlichkeiten.
Zum Beispiel lässt sich nicht bestreiten:
Die Sorge, wie man Nahrung findet,
Ist häufig nicht so unbegründet.

Kommt einer dann und fragt: Wie geht's?
Steht man gewöhnlich oder stets
Gewissermaßen peinlich da,
Indem man spricht: Nun, so lala!
Und nur der Heuchler lacht vergnüglich
Und gibt zur Antwort: Ei, vorzüglich!

Im Durchschnitt ist man kummervoll
Und weiß nicht, was man machen soll. –

Nicht so der Dichter. Kaum missfällt
Ihm diese altgebackne Welt,
So knetet er aus weicher Kleie
Für sich privatim eine neue
Und zieht als freier Musensohn
In die Poetendimension,
Die fünfte, da die vierte jetzt
Von Geistern ohnehin besetzt.

Hier ist es luftig, duftig, schön,
Hier hat er nichts mehr auszustehn,
Hier aus dem mütterlichen Busen
Der ewig wohlgenährten Musen
Rinnt ihm der Stoff beständig neu
In seine saubre Molkerei.

Gleichwie die brave Bauernmutter.
Tagtäglich macht sie frische Butter.
Des Abends spät, des Morgens frühe
Zupft sie am Hinterleib der Kühe
Mit kunstgeübten Handgelenken
Und trägt, was kommt, zu kühlen Schränken,
Wo bald ihr Finger, leicht gekrümmt,
Den fetten Rahm, der oben schwimmt,
Beiseite schöpft und so in Masse
Vereint im hohen Butterfasse.
Jetzt mit durchlöchertem Pistille
Bedrängt sie die geschmeidge Fülle.
Es kullert, bullert, quitscht und quatscht,
Wird auf und nieder durchgematscht,
Bis das geplagte Element
Vor Angst in Dick und Dünn sich trennt.
Dies ist der Augenblick der Wonne.
Sie hebt das Dicke aus der Tonne,

Legt's in die Mulde, flach von Holz,
Durchknetet es und drückt und rollt's,
Und sieh, in frohen Händen hält se
Die wohlgeratne Butterwälze.

So auch der Dichter. – Stillbeglückt
Hat er sich was zurechtgedrückt
Und fühlt sich nun in jeder Richtung
Befriedigt durch die eigne Dichtung.

Doch guter Menschen Hauptbestreben
Ist, andern auch was abzugeben.

Der Dichter, dem sein Fabrikat
So viel Genuss bereitet hat,
Er sehnt sich sehr, er kann nicht ruhn,
Auch andern damit wohlzutun;

Und muss er sich auch recht bemühn,
Er sucht sich wen und findet ihn;
Und sträubt sich der vor solchen Freuden,
Er kann sein Glück mal nicht vermeiden.
Am Mittelknopfe seiner Weste
Hält ihn der Dichter dringend feste,
Führt ihn beiseit zum guten Zwecke
In eine lauschig stille Ecke,
Und schon erfolgt der Griff der rasche
Links in die warme Busentasche,
Und rauschend öffnen sich die Spalten
Des Manuskripts, die viel enthalten.
Die Lippe sprüht, das Auge leuchtet,
Des Lauschers Bart wird angefeuchtet,
Denn nah und warm, wie sanftes Flöten,
Ertönt die Stimme des Poeten. –

Vortrefflich! ruft des Dichters Freund;
Dasselbe, was der Dichter meint;
Und, was er sicher weiß, zu glauben,
Darf sich doch jeder wohl erlauben.

Wie schön, wenn dann, was er erdacht,
Empfunden und zurechtgemacht,
Wenn seines Geistes Kunstprodukt,
Im Morgenblättchen abgedruckt,
Vom treuen Kolporteur geleitet,
Sich durch die ganze Stadt verbreitet.

Das Wasser kocht. – In jedem Hause,
Hervor aus stiller Schlummerklause,
Eilt neugestärkt und neugereinigt,
Froh grüßend, weil aufs neu vereinigt,
Hausvater, Mutter, Jüngling, Mädchen
Zum Frühkaffee mit frischen Brötchen.
Sie alle bitten nach der Reihe
Das Morgenblatt sich aus, das neue,
Und jeder stutzt und jeder spricht:
Was für ein reizendes Gedicht!
Durch die Lorgnetten, durch die Brillen,
Durch weit geöffnete Pupillen,
Erst in den Kopf, dann in das Herz,
Dann kreuz und quer und niederwärts
Fließt's und durchweicht das ganze Wesen
Von allen denen, die es lesen.

Nun lebt in Leib und Seel der Leute,
Umschlossen vom Bezirk der Häute
Und andern warmen Kleidungsstücken,
Der Dichter fort, um zu beglücken,
Bis dass er schließlich abgenützt,
Verklungen oder ausgeschwitzt.

Ein schönes Los! Indessen doch
Das allerschönste blüht ihm noch.
Denn Laura, seine süße Qual,
Sein Himmelstraum, sein Ideal,
Die glühend ihm entgegenfliegt,
Besiegt in seinen Armen liegt,
Sie flüstert schmachtend inniglich:
»Göttlicher Mensch, ich schätze dich!
Und dass du so mein Herz gewannst,
Macht bloß, weil du so dichten kannst!!«

Oh, wie beglückt ist doch ein Mann,
Wenn er Gedichte machen kann!

Zweites Kapitel

Ein guter Mensch, der Bählamm hieß
Und Schreiber war, durchschaute dies.

Nicht, dass es ihm an Nahrung fehlt.
Er hat ein Amt, er ist vermählt.
Und nicht bloß dieses ist und hat er;
Er ist bereits auch viermal Vater.
Und dennoch zwingt ihn tiefes Sehnen,
Sein Glück noch weiter auszudehnen.
Er möchte dichten, möchte singen,
Er möchte was zuwege bringen
Zur Freude sich und jedermannes;
Er fühlt, er muss und also kann es.

Der Muße froh, im Paletot,
Verlässt er abends sein Bureau.

Er eilt zum Park, um hier im Freien
Den holden Musen sich zu weihen.

Natürlich einer, der wie er
Gefühlvoll und gedankenschwer,
Mag sich an weihevollen Plätzen
Beim Dichten gern auch niedersetzen.

Doch schon besetzt ist jeder Platz

Von Leuten mit und ohne Schatz.

Da lenkt er doch die Schritte lieber
Zum Keller, der nicht fern, hinüber.

Er wählt sich unter vielen Bänken

Die Bank, die angenehm zum Denken.

Zwar erst verwirrte seinen Sinn

Das Nahgefühl der Kellnerin;

Doch führt ihn bald ein tiefer Zug

Zu höherem Gedankenflug.

Schon brennt der Kopf, schon glüht der Sitz,
Schon sprüht ein heller Geistesblitz;

Schon will der Griffel ihn notieren;
Allein es ist nicht auszuführen.

Der Hut, als Dämpfer der Ekstase,
Sinkt plötzlich tief auf Ohr und Nase.

Ein Freund, der viel Humor besaß,
Macht sich von hinten diesen Spaß.

Empört geht Bählamm fort nach Haus.
Der Freund trinkt seinen Maßkrug aus.

Zu Hause hängt er Hut und Rock
An den gewohnten Kleiderstock

Und schmückt in seinem Kabinett
Mit Joppe sich und Samtbarett,
Die, wie die Dichtung Vers und Reim,
Den Dichter zieren, der daheim.

Scharfsinnend geht er hin und wider,
Bald schaut er auf, bald schaut er nieder.

Jetzt steht er still und ruft: »Aha!«
Denn schon ist ein Gedanke da.

Schnell tritt Frau Bählamm in die Tür,
Sie hält in Händen ein Papier.

Sie ruft: »Geliebter Balduin!
Du musst wohl mal den Beutel ziehn.
Siehst du die Rechnung breit und lang?
Der Schuster wartet auf dem Gang.«

Besonders tief und voll Empörung
Fühlt man die pekuniäre Störung.

’s ist abgetan. – Das Haupt gesenkt,

Steht er schon wieder da und denkt.

Begeistert blickt er in die Höh:
»Willkommen, herrliche Idee!«

Auf springt die Tür. – An Bein und Arm
Geräuschvoll hängt der Kinderschwarm. –
»Ho!« – ruft der Franzel – »Kinder hört!
Jetzt spielen wir mal Droschkenpferd!
Papa ist Gaul und Kutscher ich.«
»Ja!« – ruft die Gustel – »Fahre mich!«
»Ich« – ruft der Fritz – »will hinten auf!
Hopp hopp, du altes Pferdchen, lauf!«

»Hüh!« – ruft der kleine Balduin –
»Will er nicht ziehn, so hau ich ihn!« –

Wer kann bei so bewandten Dingen
Ein Dichterwerk zustande bringen? –

Nun meint man freilich, sei die Nacht,
Um nachzudenken, wie gemacht.
Doch oh! Wie sehr kann man sich täuschen!
Es fehlt auch ihr nicht an Geräuschen.

Der Papa hat sich ausgestreckt,
Gewissenhaft sich zugedeckt;
Warm wird der Fuß, der Kopf denkt nach;
Da geht es Bäh! vielleicht nur schwach.
Doch dieses Bäh erweckt ein zweites,

Dann Bäh aus jeder Kehle schreit es.
Aus Mamas Mund ein scharfes Zischen,
Bedrohlich schwellend, tönt dazwischen,
Und Papas Bass, der grad noch fehlte,
Verstärkt zuletzt das Tongemälde.

Wie peinlich dies, ach, das ermisst
Nur der, der selber Vater ist.

Drittes Kapitel

Ein großer Geist, wie Bählamm seiner,
Ist nicht so ratlos wie ein kleiner.
Er sieht, ihm mangelt bloß im Grunde
Der stille Ort, die stille Stunde,
Um das, was nötig ist zum Dichten,
Gemächlich einsam zu verrichten;
Und allsogleich spricht der Verstand:

Verlass die Stadt und geh aufs Land!
Wo Biederkeit noch nicht veraltet,
Wo Ruhe herrscht und Friede waltet! –

Leicht reisefertig ist zumeist
Ein Mensch, wenn er als Dichter reist.

Die kleine Tasche, buntgestickt,
Ist schnell gefüllt und zugedrückt.
Ein Hut von Stroh als Sommerzier,
Ein Dichterkragen von Papier,
Das himmelblaue Flattertuch,
Der Feldstuhl, das Notizenbuch,
Ein Bleistift Nr. 4 und endlich
Das Paraplü sind selbstverständlich.

Zum Bahnhof führt ihn die Familie.

Hier spricht er: »Lebe wohl, Cäcilie!
Ich bring euch auch was Schönes mit!«
Dann schwingt er sich mit leichtem Schritt,
Damit er nicht die Zeit verpasse,
In die bekannte Dichterklasse.

Der Pfiff ertönt. Die Glocke schlug.
Fort schlängelt sich der Bummelzug.

Vorüber schnell und schneller tanzen,
Durch Draht verknüpft zu einem Ganzen,
Die schwesterlich verwandten langen
Zahlreichen Telegraphenstangen.
Der Wald, die Wiesen, das Gefilde,
Als unstet wirbelnde Gebilde,
Sind lästig den verwirrten Sinnen.
Gern richtet sich der Blick nach innen.
Ein leichtes Rütteln, sanftes Schwanken
Erweckt und sammelt die Gedanken.
Manch Bild, was sich versteckt vielleicht,
Wird angeregt und aufgescheucht.

Bald fühlt auch Bählamm süßbeklommen
Die herrlichsten Gedanken kommen. –

Ein langer Pfiff. – Da hält er schon
Auf der ersehnten Bahnstation. –

Ein wohlgenährter Passagier

In Nägelschuhen wartet hier.

Er zwängt sich hastig ins Coupé.

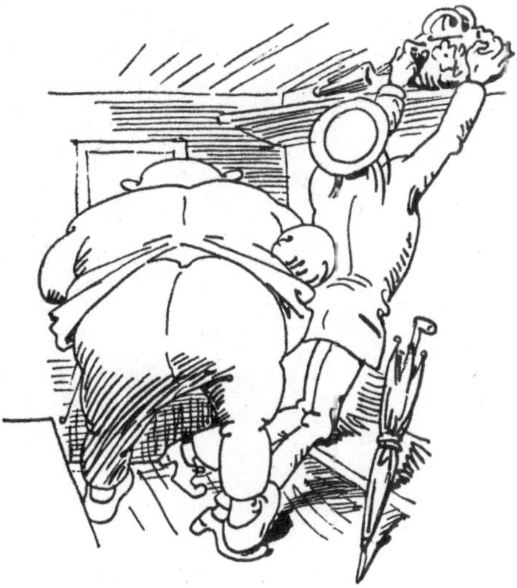

Pardon! – Er tritt auf Bählamms Zeh. –

Des Lebens Freuden sind vergänglich;
Das Hühnerauge bleibt empfänglich.

Wie dies sich äußert, ist bekannt.

Krumm wird das Bein und krumm die Hand;
Die Augenlöcher schließen sich,
Das linke ganz absonderlich;
Dagegen öffnet sich der Mund,
Als wollt er flöten, spitz und rund.

Zwar hilft so eine Angstgebärde
Nicht viel zur Lindrung der Beschwerde;
Doch ist sie nötig jederzeit
Zu des Beschauers Heiterkeit.

Viertes Kapitel

Wie lieb erscheint, wie freundlich winkt
Dem Dichter, der noch etwas hinkt,

Des Dörfleins anspruchloses Bild,
In schlichten Sommerstaub gehüllt.

Hier reitet Jörg, der kleine Knabe,
Auf seinem langen Hakenstabe,

Die Hahnenfeder auf der Mütze,
Kindlich naiv durch eine Pfütze.

Dort mit dem kurzen Schmurgelpfeifchen,
Auf seinem trauten Düngerhäufchen
Steht Krischan Bopp und füllt die Luft
Mit seines Krautes Schmeichelduft.

Er blickt nach Rieke Mistelfink,
Ein Mädel sauber, stramm und flink.
Sie reinigt grad den Ziegenstall;
Und Friede waltet überall.

Sofort im ländlichen Logis
Geht Bählamm an die Poesie.

Er schwelgt im Sonnenuntergang,
Er lauscht dem Herdenglockenklang,
Und ahnungsfroh empfindet er's:
Glück auf! Jetzt kommt der erste Vers!

Klirrbatsch! Da liegt der Blumentopf.
Es zeigt sich ein gehörnter Kopf,

Das Maulwerk auf, die Augen zu,
Und plärrt posaunenhaft: Ramuh!!

Erschüttert gehen Vers und Reime
Mitsamt dem Kunstwerk aus dem Leime.
Das tut die Macht der rauen Töne.

Die Sängerin verlässt die Szene.

Fünftes Kapitel

Die Nacht verstrich. Der Morgen schummert.
Hat unser Bählamm süß geschlummert?
Kennst du das Tierlein leicht beschwingt,
Was, um die Nase schwebend, singt?
Kennst du die andern, die nicht fliegen,
Die leicht zu Fuß und schwer zu kriegen?

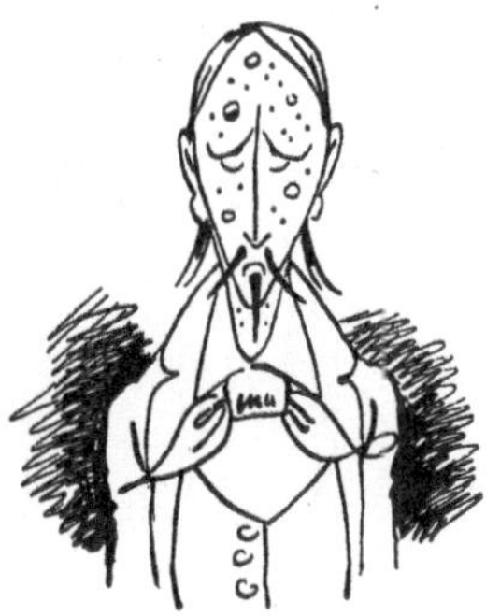

Betrachte Bählamm sein Gesicht.
Du weißt Bescheid, drum frage nicht.

Hier auf dem Dreifuß unterm Flieder
Sitzt er bereits und dichtet wieder.

Der Knabe Jörg, in froher Laune,
Bemerkt ihn durch ein Loch im Zaune.

Er zieht die Nadel aus der Mütze,
Durchbohrt damit die Hakenspitze

Und hat verschmitzt auch schon begonnen

Den kleinen Scherz, den er ersonnen.

Der Dichter greift sich ins Genicke.

Mal wieder, denkt er, eine Mücke.

Er nimmt die Hand in Augenschein.

Es musste doch wohl keine sein.

Kaum hat er dies als wahr befunden,

So kommt ein Stich direkt von unten.

Um diese Gegend zu beschützen,

Kann man das Sacktuch auch benützen.
Insoweit wäre alles gut.

O weh! Wohin entschwebt der Hut?

»Ein leichtes Kräusellüftchen!«, rief er,
Holt seinen Hut und setzt ihn tiefer.

Ganz arglos will er sich soeben
Zurück auf seinen Sitz begeben.
Doch die gewohnte Stütze mangelt.
Der Dreifuß wird hinweggeangelt.

Anstatt in den bequemen Sessel,
Setzt er sich in die scharfe Nessel.

Und hell durchblitzt ihn der Gedanke:
Es sitzt wer hinter dieser Planke!

Sehr gut in solchen Fällen ist
Bedachtsamkeit, gepaart mit List.

Verlockend und zugleich gespannt
Setzt er sich wieder vor die Wand.

Aha! Und jetzt wird zugefasst,
Und trefflich hat er's abgepasst;

Denn grad im Zentrum bohrte sich
Durch seine Hand der Nadelstich.

Natürlich macht ihn das nervos.
Der Jörg entfernt sich sorgenlos.

Sechstes Kapitel

In freier Luft, in frischem Grün,
Da wo die bunten Blümlein blühn,
In Wiesen, Wäldern, auf der Heide,
Entfernt von jedem Wohngebäude,
Auf rein botanischem Gebiet,
Weilt jeder gern, der voll Gemüt.

Hier legt sich Bählamm auf den Rücken
Und fühlt es tief und mit Entzücken,
Nachdem er Bein und Blick erhoben:

Groß ist die Welt, besonders oben!

Wie klein dagegen und beschränkt
Zeigt sich der Ohrwurm, wenn er denkt.

Engherzig schleicht er durch das Moos,
Beseelt von dem Gedanken bloß,
Wo's dunkel sei und eng und hohl,
Denn da nur ist ihm pudelwohl.

Grad wie er wünscht und sehr gelegen
Blinkt ihm des Dichters Ohr entgegen.

In diesen wohlerwärmten Räumen,
So denkt er, kann ich selig träumen.

Doch wenn er glaubt, dass ihm hienieden
Noch weitre Wirksamkeit beschieden,
So irrt er sich. – Ein Winkelzug
Von Bählamms Bein, der fest genug,

Zerstört die Form, d. h. so ziemlich,
Die diesem Wurme eigentümlich,
Und seinem Dasein als Subjekt
Ist vorderhand ein Ziel gesteckt.

Sogleich und mit gewisser Schnelle
Vertauscht der Dichter diese Stelle
Für eine andre, mehr erhöht,
Allwo ein Bäumlein winkend steht.

Ein Vöglein zwitschert in den Zweigen;
Dem Dichter wird so schwül und eigen.
Die Stirn umsäuseln laue Lüfte;
Es zuckt der Geist im Faberstifte.

Pitschkleck! – Ein Fleck. Ein jäher Schreck. –
Erleichtert fliegt das Vöglein weg.

Indessen auch der andre Sänger
Verweilt an diesem Ort nicht länger.

Den Himmel, der noch eben blau,
Umwölkt ein ahnungsvolles Grau.

Vor Regen schützt die Scheidewand
Des Schirmes, wenn er aufgespannt.

Verquer durch Regen und Gestrüppe
Kommt Krischan mit der scharfen Hippe.
Vom Regen ist der Blick umflort,

Und richtig wird der Schirm durchbohrt.

Betrübend ist und wenig nütze
Das Paraplü mit einem Schlitze;

Doch ist noch Glück bei jedem Hieb,
Wobei der Kopf heroben blieb.
Auch braucht man, lässt der Regen nach,
Ja sowieso kein Regendach.

Und hier, begleitet von der Ziege,
Kommt Rieke über eine Stiege;

Und Bählamm, wie die Dichter sind,
Will diesem anmutsvollen Kind

Als Huldigung mit Scherz und Necken
Ein Sträußlein an den Busen stecken.

Ein Prall – ein Schall – dicht am Gesicht –

Verloren ist das Gleichgewicht.

So töricht ist der Mensch. – Er stutzt,
Schaut dämisch drein und ist verdutzt,

Anstatt sich erst mal solche Sachen
In aller Ruhe klarzumachen. –

Hier strotzt die Backe voller Saft;
Da hängt die Hand, gefüllt mit Kraft.
Die Kraft, infolge von Erregung,
Verwandelt sich in Schwungbewegung.
Bewegung, die in schnellem Blitze
Zur Backe eilt, wird hier zu Hitze.
Die Hitze aber, durch Entzündung
Der Nerven, brennt als Schmerzempfindung
Bis in den tiefsten Seelenkern,
Und dies Gefühl hat keiner gern.

Ohrfeige heißt man diese Handlung,
Der Forscher nennt es Kraftverwandlung.

Siebentes Kapitel

Der Mond. Dies Wort so ahnungsreich,
So treffend, weil es rund und weich –
Wer wäre wohl so kaltbedächtig,
So herzlos, hart und niederträchtig,
Dass es ihm nicht, wenn er es liest,
Sanftschauernd durch die Seele fließt? –

Das Dörflein ruht im Mondenschimmer,
Die Bauern schnarchen fest, wie immer.
Es ruhn die Ochsen und die Stuten,
Und nur der Wächter muss noch tuten,
Weil ihn sein Amt dazu verpflichtet,

Der Dichter aber schwärmt und dichtet.

Was ist das drüben für ein Wink?
Ist das nicht Rieke Mistelfink?

Ja, wie es scheint, hat sie bereut
Die rücksichtslose Sprödigkeit.
Der Dichter fühlt sein Herz erweichen.
Er folgt dem liebevollen Zeichen.

Er drängt sich, nicht ganz ohne Qual,
In ein beschränktes Stalllokal.

Mit einem Mäh! mit einem langen
Sieht er sich unverhofft empfangen.

Doch nur ein kurzes Meck begleitet
Den Seitenstich, der Schmerz bereitet.

Ein Stoß grad in die Magengegend
Ist aber auch sehr schmerzerregend.

Dass selbst ein Korb in solcher Lage
Erwünscht erscheint, ist keine Frage.

Bedeckung findet sich gar leicht;
Es fragt sich nur, wie weit sie reicht. –

Und grade kommt die Rieke hier,
Der Krischan emsig hinter ihr;

Sie mit vergnügtem Mienenspiel,
Er mit dem langen Besenstiel.

Er schiebt ihn durch des Korbes Henkel
Und zwischen Bählamm seine Schenkel.

Nachdem er sicher eingesackt,
Wird er gelupft und aufgepackt.

Er strampelt sehr, denn schwer im Sinn
Liegt ihm die Frage: Ach, wohin?

Ein Wasser, mondbeglänzt und kühl,
Ist das erstrebte Reiseziel,

Und angelangt bei diesem Punkt
Wird fleißig auf und ab getunkt;

Worauf, nachdem der Korb geleert,
Das Liebespaar nach Hause kehrt.

Achtes Kapitel

Es tut nicht gut, wenn man im Bad
Und nur die Füße draußen hat. –

Auch Bählamm hat's nicht wohlgetan.
Es zog ihm in den Backenzahn. –

Das Zahnweh, subjektiv genommen,
Ist ohne Zweifel unwillkommen;
Doch hat's die gute Eigenschaft,
Dass sich dabei die Lebenskraft,
Die man nach außen oft verschwendet,
Auf einen Punkt nach innen wendet
Und hier energisch konzentriert.
Kaum wird der erste Stich verspürt,
Kaum fühlt man das bekannte Bohren,
Das Rucken, Zucken und Rumoren –
Und aus ist's mit der Weltgeschichte,

Vergessen sind die Kursberichte,
Die Steuern und das Einmaleins.
Kurz, jede Form gewohnten Seins,
Die sonst real erscheint und wichtig,
Wird plötzlich wesenlos und nichtig.
Ja, selbst die alte Liebe rostet –
Man weiß nicht, was die Butter kostet –
Denn einzig in der engen Höhle
Des Backenzahnes weilt die Seele,
Und unter Toben und Gesaus
Reift der Entschluss: Er muss heraus!! –

Noch eh der neue Tag erschien,
War Bählamm auch so weit gediehn.

Er steht und läutet äußerst schnelle
An Doktor Schmurzel seiner Schelle.

Der Dokter wird von diesem Lärme
Emporgeschreckt aus seiner Wärme.
Indessen kränkt ihn das nicht weiter;
Ein Unglück stimmt ihn immer heiter.

Er ruft: »Seid mir gegrüßt, mein Lieber!
Lehnt Euch gefälligst hintenüber!

Gleich kennen wir den Fall genauer!«
(Der Finger schmeckt ein wenig sauer.)

»Nun stützt das Haupt auf diese Lehne
Und denkt derweil an alles Schöne!

Holupp!!
Wie ist es? Habt Ihr nichts gespürt?
Ich glaub, es hat sich was gerührt!

Da dies der Fall, so gratulier ich!
Die Sache ist nicht weiter schwierig!

Hol – – – upp!!!«
Vergebens ist die Kraftentfaltung;
Der Zahn verharrt in seiner Haltung

»Hab's mir gedacht!«, sprach Doktor Schmurzel,

»Das Hindernis liegt in der Wurzel.
Ich bitte bloß um drei Mark zehn!

Recht gute Nacht! Auf Wiedersehn!«

Neuntes Kapitel

Dem hohen lyrischen Poeten
Ist tiefer Schmerz gewiss vonnöten;
Doch schwerlich, ach, befördert je
Das ganz gewöhnliche Wehweh,
Wie Bählamm seines zum Exempel,
Den Dichter in den Ruhmestempel.

Die Backe schwillt. – Die Träne quillt.
Ein Tuch umrahmt das Jammerbild.

Verhasst ist ihm die Ländlichkeit
Mit Rieken ihrer Schändlichkeit,
Mit Dokter Schmurzels Chirurgie,
Mit Bäumen, Kräutern, Mensch und Vieh,
Und schmerzlich dringend mahnt die Backe:
Oh, kehre heim! Doch vorher packe! –

Gern möcht er still von dannen scheiden,
Gern jede Ovation vermeiden,
Allein ihm bleibt bei seiner Fahrt
Ein Lebewohl nicht ganz erspart.

Meckmeck! so schallt's aus jener Ecke;
Meckmeck! ruft einer durch die Hecke,

Meckmeck! so schmettert's in der Näh,
Und Riekens Ziege macht mähhäh! –

Da wundert sich wohl mancher sehr,
Wie's möglich sei, dass ein Malör
So schleunige Verbreitung finde.
Der Weise schweigt. Er kennt die Gründe. –

Als Bählamm sein Coupé erreicht,
Wird ihm verhältnismäßig leicht.

'ne Frau, 'n Kind und eine Tasche,
Worin die Gummistöpselflasche,
Sind unsers Reisenden Begleiter.
Der Säugling zeigt sich äußerst heiter.
Er strebt und webt mit Händ und Füßen,
Er lässt sein Mäulchen überfließen;
Er ist so süß, dass fast mit Recht
Ein Junggesell ihn küssen möcht.

O weh! Die Fröhlichkeit entweicht.
Wohlmeinend wird ihm dargereicht
Das Glas, woraus er sich ernährt;
Er lehnt es ab; er ist empört;

Und penetrant, gleich der Trompete,
Klagt er in Tönen seine Nöte. –
Die Mutter seufzt. Der Trank ist kalt.
Wohl uns! Hier hat man Aufenthalt.

»Ach!« – bat sie – »halten S' ihn mal eben.
Ich muss ihm etwas Warmes geben!«

Sie eilt hinaus ins Restaurant.
Der Zug hält drei Minuten lang.

Einsteigen! Fertig! Pfüt! – Und los,
Mit seinem Säugling auf dem Schoß,
Mit dicker Backe, wehem Zahn,
Rollt er dahin per Eisenbahn
Der Heimat zu und trifft um neun
Präzise auf dem Bahnhof ein. –
Der Säugling, des Gesanges müde,
Ruht aus von seinem Klageliede,
Umhüllt mit einer warmen Windel,
Auf Bählamms Arm als stilles Bündel.
Trotzdem hat Bählamm das Bestreben,
Ihn möglichst baldig abzugeben.

Der Schaffner, ohne Mitgefühl,
Bedankt sich höflich, aber kühl.

Desgleichen auch der Bahnverwalter;

Desgleichen auch der Mann am Schalter.
So muss er sich denn wohl bequemen,
Sein Bündel mit nach Haus zu nehmen.

»Der Papa kommt!«, so rufen hier
Die frohen Kinder alle vier.

»Und« – sprach die Mutter – »gebt mal acht!
Er hat was Schönes mitgebracht!«

Jedoch, bei näherer Belehrung,
Wie wenig schätzt sie die Bescherung

»Oh!«, ruft sie – »Aber Balduin!«
Dann wird's ihr vor den Augen grün.

Zum Glück, in diesem Ungemach,
Kommt bald des Knaben Mutter nach.

Zwar ist die Flasche kalt wie nie,
Doch weil's pressiert, so nimmt er sie. –

Der Abschied war nicht sehr beschwerlich,
Was auch bei Bählamm sehr erklärlich;
Denn gerne gibt man aus der Hand
Den Säugling, der nicht stammverwandt.

Schluss

Sofort legt Bählamm sich zur Ruh.
Die Hand der Gattin deckt ihn zu.

Der Backe Schwulst verdünnert sich;
Sanft naht der Schlaf, der Schmerz entwich,
Und vor dem innern Seelenraum
Erscheint ein lockend süßer Traum. –

Ihm war als ob, ihm war als wie,
So unaussprechlich wohl wie nie. –
Hernieder durch das Dachgebälke,
Auf rosenrotem Duftgewölke,
Schwebt eine reizend wundersame
In Weiß gehüllte Flügeldame,
Die winkt und lächelt, wie zum Zeichen,
Als sollt er ihr die Hände reichen;
Und selbstverständlich wunderbar
Erwächst auch ihm ein Flügelpaar;

Und selig will er sich erheben,
Um mit der Dame fortzuschweben.

Doch ach! Wie schaudert er zusammen!
Denn wie mit tausend Kilogrammen

Hängt es sich plötzlich an die Glieder,
Hemmt das entfaltete Gefieder
Und hindert, dass er weiterfliege.
Hohnlächelnd meckert eine Ziege.
Die himmlische Gestalt verschwindet,
Und nur das eine ist begründet,
Frau Bählamm ruft, als er erwacht:

»Heraus, mein Schatz! Es ist schon acht!«

Um neune wandelt Bählamm so

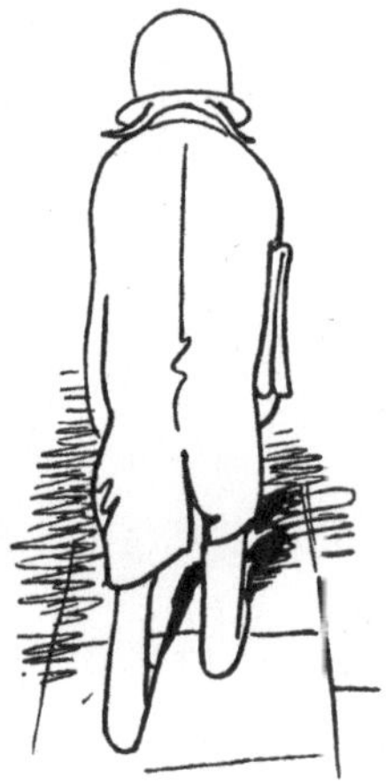

Wie ehedem auf sein Bureau. –

So steht zum Schluss am rechten Platz
Der unumstößlich wahre Satz:
Die Schwierigkeit ist immer klein,
Man muss nur nicht verhindert sein.

Gedichte

Es sitzt ein Vogel auf dem Leim,
Er flattert sehr und kann nicht heim.
Ein schwarzer Kater schleicht herzu,
Die Krallen scharf, die Augen gluh.
Am Baum hinauf und immer höher
Kommt er dem armen Vogel näher.

Der Vogel denkt: Weil das so ist
Und weil mich doch der Kater frisst,
So will ich keine Zeit verlieren,
Will noch ein wenig quinquilieren
Und lustig pfeifen wie zuvor.
Der Vogel, scheint mir, hat Humor.

Ich kam in diese Welt herein,
Mich bass zu amüsieren,
Ich wollte gern was Rechtes sein
Und musste mich immer genieren.
Oft war ich hoffnungsvoll und froh,
Und später kam es doch nicht so.

Nun lauf ich manchen Donnerstag
Hienieden schon herummer,
Wie ich mich drehn und wenden mag,
's ist immer der alte Kummer.
Bald klopft vor Schmerz und bald vor Lust
Das rote Ding in meiner Brust.

Die Selbstkritik hat viel für sich.
Gesetzt den Fall, ich tadle mich,
So hab ich erstens den Gewinn,
Dass ich so hübsch bescheiden bin;
Zum Zweiten denken sich die Leut,
Der Mann ist lauter Redlichkeit;
Auch schnapp ich drittens diesen Bissen
Vorweg den andern Kritiküssen;
Und viertens hoff ich außerdem
Auf Widerspruch, der mir genehm.
So kommt es denn zuletzt heraus,
Dass ich ein ganz famoses Haus.

Wer möchte diesen Erdenball
Noch fernerhin betreten,
Wenn wir Bewohner überall
Die Wahrheit sagen täten.

Ihr hießet uns, wir hießen euch
Spitzbuben und Halunken,
Wir sagten uns fatales Zeug
Noch eh wir uns betrunken.

Und überall im weiten Land,
Als langbewährtes Mittel,
Entsprosste aus der Menschenhand
Der treue Knotenknittel.

Da lob ich mir die Höflichkeit,
Das zierliche Betrügen.
Du weißt Bescheid, ich weiß Bescheid;
Und allen macht's Vergnügen.

Die Liebe war nicht geringe.
Sie wurden ordentlich blass;
Sie sagten sich tausend Dinge
Und wussten noch immer was.

Sie mussten sich lange quälen,
Doch schließlich kam's dazu,
Dass sie sich konnten vermählen.
Jetzt haben die Seelen Ruh.

Bei eines Strumpfes Bereitung
Sitzt sie im Morgenhabit;
Er liest in der Kölnischen Zeitung
Und teilt ihr das Nötige mit.

Sie stritten sich beim Wein herum,
Was das nun wieder wäre;
Das mit dem Darwin wär gar zu dumm
Und wider die menschliche Ehre.

Sie tranken manchen Humpen aus,
Sie stolperten aus den Türen,
Sie grunzten vernehmlich und kamen zu Haus
Gekrochen auf allen vieren.

Sahst du das wunderbare Bild von Brouwer?
Es zieht dich an, wie ein Magnet.
Du lächelst wohl, derweil ein Schreckensschauer
Durch deine Wirbelsäule geht.

Ein kühler Doktor öffnet einem Manne
Die Schwäre hinten im Genick;
Daneben steht ein Weib mit einer Kanne,
Vertieft in dieses Missgeschick.

Ja, alter Freund, wir haben unsre Schwäre
Meist hinten. Und voll Seelenruh
Drückt sie ein andrer auf. Es rinnt die Zähre,
Und fremde Leute sehen zu.

Die Affen

Der Bauer sprach zu seinem Jungen:
Heut in der Stadt da wirst du gaffen.
Wir fahren hin und sehn die Affen.
Es ist gelungen
Und um sich schiefzulachen,
Was die für Streiche machen
Und für Gesichter,
Wie rechte Bösewichter.
Sie krauen sich,
Sie zausen sich,
Sie hauen sich,
Sie lausen sich,
Beschnuppern dies, beknuppern das,
Und keiner gönnt dem andern was,
Und essen tun sie mit der Hand,
Und alles tun sie mit Verstand,
Und jeder stiehlt als wie ein Rabe.
Pass auf, das siehst du heute.

Oh Vater, rief der Knabe,
Sind Affen denn auch Leute?

Der Vater sprach: Nun ja,
Nicht ganz, doch so beinah.

Strebsam

Mein Sohn, hast du allhier auf Erden
Dir vorgenommen, was zu werden,

Sei nicht zu keck;

Und denkst du, sei ein stiller Denker.
Nicht leicht befördert wird der Stänker.
Mit Demut salbe deinen Rücken,
Voll Ehrfurcht hast du dich zu bücken,
Musst heucheln, schmeicheln, musst dich fügen,
Denn selbstverständlich nur durch Lügen

Kommst du vom Fleck.

Oh, tu's mit Eifer, tu's geduldig,
Bedenk, was du dir selber schuldig.
Das Gönnerherz wird sich erweichen,
Und wohlverdient wirst du erreichen

Den guten Zweck.

Nicht artig

Man ist ja von Natur kein Engel,
Vielmehr ein Welt- und Menschenkind,
Und ringsumher ist ein Gedrängel
Von solchen, die dasselbe sind.

In diesem Reich geborner Flegel,
Wer könnte sich des Lebens freun,
Würd es versäumt, schon früh die Regel
Der Rücksicht kräftig einzubläun.

Es saust der Stock, es schwirrt die Rute.
Du darfst nicht zeigen, was du bist.
Wie schad, o Mensch, dass dir das Gute
Im Grunde so zuwider ist.

Der Kobold

In einem Häuschen, sozusagen –
(Den ersten Stock bewohnt der Magen)
In einem Häuschen war's nicht richtig.
Darinnen spukt und tobte tüchtig
Ein Kobold, wie ein wildes Bübchen,
Vom Keller bis zum Oberstübchen.
Fürwahr, es war ein bös Getös.
Der Hausherr wird zuletzt nervös,
Und als ein desperater Mann
Steckt er kurzweg sein Häuschen an
Und baut ein Haus sich anderswo
Und meint, da ging es ihm nicht so.
Allein, da sieht er sich betrogen.
Der Kobold ist mit umgezogen

Und macht Spektakel und Rumor
Viel ärger noch als wie zuvor.
Ha, rief der Mann, wer bist du, sprich.
Der Kobold lacht: Ich bin dein Ich.

Es spukt

Abends, wenn die Heimchen singen,
Wenn die Lampe düster schwelt,
Hör ich gern von Spukedingen,
Was die Tante mir erzählt.

Wie es klopfte in den Wänden,
Wie der alte Schrank geknackt,
Wie es einst mit kalten Händen
Mutter Urschel angepackt,

Wie man oft ein leises Jammern
Grad um Mitternacht gehört,
Oben in den Bodenkammern,
Scheint mir höchst bemerkenswert.

Doch erzählt sie gar das Märchen
Von dem Geiste ohne Kopf,
Dann erhebt sich jedes Härchen
Schaudervoll in meinem Schopf.

Und ich kann es nicht verneinen,
Dass es böse Geister gibt,
Denn ich habe selber einen,
Der schon manchen Streich verübt.

Erneuerung

Die Mutter plagte ein Gedanke.
Sie kramt im alten Kleiderschranke,
Wo Kurz und Lang, obschon gedrängt,
Doch friedlich, beieinander hängt.

Auf einmal ruft sie: Ei siehda,
Der Schwalbenschwanz, da ist er ja!

Den blauen, längst nicht mehr benützten,
Den hinten zwiefach zugespitzten,
Mit blanken Knöpfen schön geschmückt,
Der einst so manches Herz berückt,
Ihn trägt sie klug und überlegt
Dahin, wo sie zu schneidern pflegt,
Und trennt und wendet, näht und misst,
Bis dass das Werk vollendet ist.

Auf die Art aus des Vaters Fracke
Kriegt Fritzchen eine neue Jacke.

Grad so behilft sich der Poet.
Du liebe Zeit, was soll er machen?
Gebraucht sind die Gedankensachen
Schon alle, seit die Welt besteht.

Die Kleinsten

Sag Atome, sage Stäubchen.
Sind sie auch unendlich klein,
Haben sie doch ihre Leibchen
Und die Neigung da zu sein.

Haben sie auch keine Köpfchen,
Sind sie doch voll Eigensinn.
Trotzig spricht das Zwerggeschöpfchen:
Ich will sein so wie ich bin.

Suche nur sie zu bezwingen,
Stark und findig wie du bist.
Solch ein Ding hat seine Schwingen,
Seine Kraft und seine List.

Kannst du auch aus ihnen schmieden
Deine Rüstung als Despot,
Schließlich wirst du doch ermüden,
Und dann heißt es: Er ist tot.

Schein und Sein

Mein Kind, es sind allhier die Dinge,
Gleichviel, ob große, ob geringe,
Im Wesentlichen so verpackt,
Dass man sie nicht wie Nüsse knackt.

Wie wolltest du dich unterwinden,
Kurzweg die Menschen zu ergründen.
Du kennst sie nur von außenwärts.
Du siehst die Weste, nicht das Herz.

Auch er

Rührend schöne Herzgeschichten,
Die ihm vor der Seele schweben,
Weiß der Dichter zu berichten.
Wovon aber soll er leben?
Was er fein zusammenharkte,
Sauber eingebundne Werklein,
Führt er eben auch zum Markte,
Wie der Bauer seine Ferklein.

Beruhigt

Zwei mal zwei gleich vier ist Wahrheit.
Schade, dass sie leicht und leer ist,
Denn ich wollte lieber Klarheit
Über das, was voll und schwer ist.

Emsig sucht ich aufzufinden,
Was im tiefsten Grunde wurzelt,
Lief umher nach allen Winden
Und bin oft dabei gepurzelt.

Endlich baut ich eine Hütte.
Still nun zwischen ihren Wänden
Sitz ich in der Welten Mitte,
Unbekümmert um die Enden.

Gründer

Geschäftig sind die Menschenkinder,
Die große Zunft von kleinen Meistern,
Als Mitbegründer, Miterfinder
Sich diese Welt zurechtzukleistern.

Nur leider kann man sich nicht einen,
Wie man das Ding am besten mache.
Das Bauen mit belebten Steinen
Ist eine höchst verzwickte Sache.

Welch ein Gedrängel und Getriebe
Von Lieb und Hass bei Nacht und Tage,
Und unaufhörlich setzt es Hiebe,
Und unaufhörlich tönt die Klage.

Gottlob, es gibt auch stille Leute,
Die meiden dies Gewühl und hassen's
Und bauen auf der andern Seite
Sich eine Welt des Unterlassens.

Immerhin

Mein Herz, sei nicht beklommen,
Noch wird die Welt nicht alt.
Der Frühling ist wiedergekommen,
Frisch grünt der deutsche Wald.

Seit Urvätertagen
Stehen die Eichen am See,

Die Nachtigallen schlagen,
Zur Tränke kommt das Reh.

Die Sonne geht auf und unter
Schon lange vieltausendmal,
Noch immer eilen so munter
Die Bächlein ins blühende Tal.

Hier lieg ich im weichen Moose
Unter dem rauschenden Baum,
Die Zeit, die wesenlose,
Verschwindet als wie ein Traum.

Von kühlen Schatten umdämmert,
Versink ich in selige Ruh;
Ein Specht, der lustig hämmert,
Nickt mir vertraulich zu.

Mir ist, als ob er riefe:
Heija, mein guter Gesell,
Für ewig aus dunkler Tiefe
Sprudelt der Lebensquell.

Anhang

Nachwort

Er sei in »protestantischen Anschauungen aufgewachsen«,[1] schrieb Wilhelm Busch dem Verleger Moritz Schauenburg, ein lapidares Bekenntnis, doch was es in Wahrheit bedeutet, macht erst der zweite oder gar dritte Blick auf sein Werk deutlich. Luther, Melanchthon und Zwingli waren bezeichnenderweise die ersten Porträts, die schon der junge Wilhelm Busch zeichnete, nachdem er mit neun Jahren seinem Onkel, dem Pastor Georg Kleine, zur weiteren Erziehung übergeben worden war. Bilder an den Wänden des Pfarrhauses lieferten die Vorlagen, und, rückschauend auf sein Leben, zeigt sich die sinnbildliche Bedeutung dieser Übung. Busch hat mehr als die Hälfte seines Lebens in Pfarrhäusern zugebracht: die äußere Seite des Gehäuses, das die protestantische Lehre von früh an in seinem Innern aufgebaut und das er, trotz radikaler Kritik und freigeistigen Neigungen, nie verlassen hat. Die ältere, so engherzige wie liebhaberhafte Buschforschung hat dieses Dasein allenfalls zur Idylle verklärt, doch verbirgt es tatsächlich einen wichtigen Schlüssel zum Leben und Werk dieses erfolgreichen und gleichzeitig unbekannt gebliebenen Maler-Schriftstellers. Er gehört zu den Künstlern, die das Opfer ihrer Popularität geworden sind, und das in besonders starkem Maße, weil er seinen Publikumserfolg in einer wenig angesehenen, vom Ruch der Trivialität und Stammtischfröhlichkeit nie ganz freien Mischgattung errungen hat. Auch das Bild vom gemütsfrohen Haushumoristen und lächelnden Philosophen von Wiedensahl, wie es die publizistisch so rührigen Neffen Nöldeke bald nach Buschs Tod werbewirksam in die Welt setzten, hat zwar nie Realität, dafür aber die Wunschwirklichkeit für sich gehabt, und die ist bekanntlich über jeden Denkzweifel erhaben.

1 Wilhelm Busch, *Sämtliche Briefe. Kommentierte Ausgabe in zwei Bänden*, hrsg. von Friedrich Bohne [u.a.], Hannover 1968, Bd. 1, S. 56. [Im Folgenden zit. als: *Briefe*.]

»Sitzend auf dem Bock neben dem Postillon, fuhr ich bei scharfem Winterwind von Göttingen aus über die Berge nach meinem lieben, alten *Ebergötzen,* wo ich den letzten und schönsten Theil meiner Kinderjahre verlebte. Noch immer erschüttert es mich, wenn das enge, felsige Thal mich umfängt, in dem die Quellen sich zu dem Bach vereinen, worin ich vor 30 Jahren Forellen mit der Hand gefangen. Kein Ort ist mir so vertraut wie Ebergötzen. Ich lese es wie ein Buch, wie 'ne Chronik; bei jedem neuen Besuch fang ich ein neu Kapitel an. Der Müller in der alten Mühle mitten im Dorf ist seit meinem zehnten Jahr mein Freund, der liebste und beste, den ich habe.«[2] Scheu und Zurückhaltung kennzeichnen alle Äußerungen Wilhelm Buschs über sich selber, über seine Familie und die persönlichen Verhältnisse, umso wichtiger muss man die wenigen Bemerkungen nehmen, mit denen er dann doch einmal aus sich herausgeht. Das Paradies seiner Kindheit heißt Ebergötzen, nicht Wiedensahl, wo die Eltern lebten und wo Heinrich Christian Wilhelm Busch am 15. April 1832 geboren wurde. Eine nicht ganz selbstverständliche Überzeugung, und sie gewinnt an Gewicht, wenn man die Bekräftigung in anderen Briefen, aber auch den autobiographischen Skizzen bedenkt. Nur ein einziges Mal während seiner Ebergötzener Jahre hat er dann die Eltern besuchen können – auch das ist, trotz der Verkehrsverhältnisse um die Jahrhundertmitte, schließlich nicht selbstverständlich gewesen; dieses Ereignis brachte dann auch noch eine einschneidende Erfahrung mit sich.

Der Vater war Krämer in dem zum Königreich Hannover gehörenden Dorf Wiedensahl, und auch die engere Umgebung, in der Wilhelm zunächst aufwuchs, hatte bäuerliches Gepräge. Die Eltern bewohnten ein altes niedersächsisches Bauernhaus, in dem der Anlage nach die Einheit des ganzen Hauses noch erhalten geblieben ist. Wilhelm war das älteste von sieben Geschwis-

2 *Briefe*, Bd. 1, S. 163.

tern und mindestens für zwei Jahre, aber wohl auch noch nach der Geburt der Schwester Fanny das besondere, bevorzugte Objekt der elterlichen Erziehung.

Sehr knapp und karg zwar fällt in seiner späteren Selbstbiographie die Charakterisierung der Eltern aus: »stets besorgt, nie zärtlich; [...] ernst gegen Dummheiten« der Vater, »still, fleißig, fromm« die Mutter[3] – aber das Prinzip der von ihnen geübten Erziehung, das familiäre Klima werden doch hinreichend fassbar. Kein Ort häuslicher Glückseligkeit, keine gemütvolle Kinderstube, wie es die Klischeevorstellung vom 19. Jahrhundert suggeriert – ein Krämerhaushalt, in dem gerechnet wurde und wo das Kind zu funktionieren hatte, nach den religiösen Vorstellungen der Mutter, dem Ordnungssinn des Vaters. Die Prügelpädagogik galt auch hier als die ultima ratio. Busch erzählt später von einer Exekution auf dem Speicher, im bummligen Ton einer alten Erinnerung, aber vom Onkel Georg Kleine in Ebergötzen betont er die Milde und Güte, nur ein einziges Mal habe es Hiebe »mit einem trocknen Georginenstengel« gesetzt, »weil ich den Dorftrottel geneckt hatte«.[4]

Mit neun Jahren musste Wilhelm Busch das Elternhaus verlassen, weil es für die inzwischen sechsköpfige Familie zu eng geworden war. So erschütternd das Trennungserlebnis gewesen sein muss, es fügte sich in die puritanisch strenge, gefühlsarme Erziehungspraxis der Eltern nahtlos ein. »Wie Kinder sind, halb froh, halb wehmütig, plätscherte ich am Abend vor der Abreise mit der Hand in der Regentonne, über die ein Strauch von weißen Rosen hing, und sang Christine! Christine! versimpelt für mich hin.«[5] Die Erinnerung ist auch nach über vierzig Jahren noch ganz frisch und bis ins Detail hinein genau. Der Älteste

3 Wilhelm Busch, *Historisch-kritische Gesamtausgabe*, hrsg. von Friedrich Bohne, 4 Bde., Wiesbaden [1968], Bd. 4, S. 147. [Im Folgenden zit. als: HKA.]

4 HKA, Bd. 4, S. 207.

5 Ebd., S. 206.

muss weichen, um den Jungen Platz zu machen. Aber im Kontext einer das Schuldbewusstsein hervorrufenden und ständig stärkenden restriktiven Erziehung reicht das Verständnis des Knaben nicht für derartige vernünftige Erklärungen aus. Er machte sich wohl andere zurecht: dass er nie in die Familie gepasst, sich die Zugehörigkeit zu ihr längst verscherzt habe, dass er selber die Schuld hatte, wenn er nun weichen musste, weil er schlecht war von Grund auf, verdorben, nicht würdig, im Hause der Eltern und Geschwister zu bleiben. Ob Vater und Mutter den ältesten Sohn tatsächlich loswerden wollten oder ob sie nur einem leicht einsichtigen und gar nicht seltenen Brauch folgten, sei dahingestellt; der neunjährige Wilhelm jedenfalls wird seine eigenen Schlüsse gezogen haben. Noch in einem Brief an die holländische Schriftstellerin Maria Anderson im Jahre 1875 ist es das psychische Erlebnis dieser Trennung, nicht ihre rationalisierende Begründung, die ihn umtreibt und verfolgt. »Das Krähen des Hahns, der der *Hel* geweiht, ist freilich bedeutungsvoll. Den Dieben und Kranken, den armen Sündern und Gespenstern tönt vor Allen sein mahnender Ruf. Petrus ging hinaus und weinte bitterlich. Ich selber hab ihn oft gehört, wenn ich in der Fremde vom nächtlichen Gelage kam; er rief mir dann ein wohlbekanntes ländliches Haus vor die Seele, das Haus meiner Eltern.«[6] Gewiss, einen sicheren Beweis für frühkindliche Beschädigungen wird man im Falle Busch nicht führen können, aber es gehört auch keine besondere Hellsicht dazu, seine so unspektakuläre wie merkwürdige Biographie aus den wenigen Andeutungen zu entwickeln, die ihm, wohl fast immer wider Willen, entschlüpft sind. Ein Schlüsselerlebnis noch berichtet er als Kuriosität später den Neffen, es datiert vom Sommer 1844, als der zwölfjährige Wilhelm das erste Mal wieder einen Besuch zu Hause macht: »Als ich dann wieder mal nach Hause kam, ging meine Mutter grade ins Feld, den Leuten Kaffee zu bringen. Ich

6 *Briefe*, Bd. 1, S. 140.

kannte sie gleich; aber sie kannte mich nicht, als ich an ihr erst mal vorbeiging.«[7]

Unbefriedigte Liebe ist das Schlüsselwort zu Buschs Lebensgeschichte, und es bedarf kaum noch des Hinweises auf sein Werk, auf die Bildergeschichten, in denen Kindheit als permanenter Dressurakt erscheint, als eine Folge von Aufsässigkeit und Bestrafung, um zu dem Schluss zu kommen, dass Wilhelms Kindheit nicht glücklich war, dass er unter einem strengen Vater mit Krämerseele litt und mütterliche Liebe und Sorge entbehrte, dass er schon bald von jüngeren Geschwistern verdrängt wurde und mit schweren seelischen Erfahrungen und Enttäuschungen ohne Hilfe fertig werden musste. Die Mutter, die den Sohn bei der Rückkehr nicht erkennt – ob es sich nun hierbei um eine Deckerinnerung oder ein wirkliches Erlebnis handelt, ist für uns ohne Belang –, und das einzige Bild, das der Sohn von ihr gemalt hat und das sie auf einem Stuhl sitzend in Rückansicht zeigt, ergänzen einander vielsagend. Die Zeichnung lässt Buschs ambivalente Gefühlseinstellung klar und deutlich erkennen: die gesichtslose Mutter, die ihn nicht bemerkt, den Sohn nicht annimmt, hat doch ein Baby, offenbar ein Enkelkind, auf dem Arm, dessen Gesicht nun dem Betrachter des Bildes zugewandt ist; so drückt sich Buschs ein Leben lang währende Sehnsucht nach einer mütterlichen Mutter aus, die ihn umfängt, auf den Arm nimmt, tröstet und vor der Härte des Vaters schützt. Ein Bild der Enttäuschung und ein Wunschbild zugleich, Allegorie eines schwerwiegenden Defizits, für manche spätere Kompensation verantwortlich: für die Nikotinsucht, die bis zur schweren Vergiftung führte, für die Schlagephantasien und Angstgefühle, für das fehlende Selbstbewusstsein und den Einschränkungszwang, für die unbefriedigende, auch sexuell unbefriedigende Hinwendung zu Ersatzmüttern wie der Frankfurter

7 Wilhelm Busch, *Sämtliche Werke*, hrsg. von Otto Nöldeke, 8 Bde., München 1949, Bd. 7, S. 429.

Bankiersgattin Johanna Keßler, für das Anklammerungsverhalten an die heimatliche Landschaft. »Heimweh«, so erinnert Busch sich später, »das sind solch eigentümliche Halsschmerzen; ich hab sie in Ebergötzen gehabt, als ich in frühsten Kinderjahren von zu Hause fortkam.«[8]

Das unbewusste Schuldgefühl als Erbe einer strengen und harten Erziehung verwandelte sich in Strafbedürfnis und lag allen Missgeschicken und Misserfolgen Buschs zugrunde. In der Philosophie Schopenhauers hat er dann später nur die rationalisierende Begründung seines individuellen Schicksals gefunden, deshalb war sie ihm von Grund auf verwandt, und nicht erst als Anhänger Schopenhauers gewann er seine besondere Weltsicht. »Daß Irren Sünde, Heimweh dein Gewissen«,[9] dieser Vers ist vielleicht der genaueste Ausdruck dieses Verhältnisses. Das in ihm wirksame Gewissen identifizierte Busch mit Heimweh. Im Lauf seiner Entwicklung und in der Folge der Distanzierung von den Eltern traten an deren Stelle andere Einflüsse. Sehr bald schon die alten niederländischen Maler Brouwer, Teniers, Rubens und Frans Hals, an denen Busch mit glühender Verehrung hing, die ihn dann aber, wie wir sehen werden, ebenso »ducken« und verstoßen sollten wie die Eltern. Am Ende schließlich sind es die Mächte des Schicksals, der dunkel drängende Wille hinter aller Erscheinung, der das alte Schuldbewusstsein wachhält und ihm eine metaphysische Dimension gibt.

Im September 1847 betrat Busch die polytechnische Schule Hannover, nach dreieinhalb Jahren verließ er sie wieder. Der erste, bewusste Akt der Empörung gegen den elterlichen Willen, es blieb der letzte, und er hat ihn bitter gebüßt. Die Reue darüber wurde freilich zum schöpferischen Impuls seines Werks. Ja, man kann sagen, dass alle bisherigen Ereignisse seines Lebens der Exposition eines Dramas gleichen, dass aber mit

8 Ebd.

9 HKA, Bd. 2, S. 523.

diesem Entschluss erst der tragische Knoten geschürzt wurde. Auf die Kunstakademie nach Düsseldorf gehen, um Künstler zu werden: man stelle sich diesen beispiellosen Affront der Eltern vor! In den Augen eines Krämers, der auf Zucht und Ordnung nicht nur in Geschäftsdingen hielt, einer blassen, ganz vom Manne abhängigen Mutter, musste dieser Schritt in der Tat als schwerste Versündigung an allen ihren Idealen und Lebensansichten erscheinen, eine Hinwendung zum Lotterleben, zum Unsoliden, Unbürgerlichen, zu allem, was dem Spießer ein Graus, faszinierend und abschreckend zugleich, ruchlos und beneidenswert.

Welche Kämpfe mag Wilhelm in den Monaten nach seinem Abschied von Hannover mit den Eltern fern in Wiedensahl und mit den Eltern, die er immer mit sich herumschleppte, mit den Instanzen seines Gewissens ausgefochten haben? Er hielt es nur neun Monate in Düsseldorf, im Antikensaal, aus, dann wechselte er nach Antwerpen: die Zeitspanne hat er selber bedeutsam gefunden, wenn er in sein Tagebuch am 26. Juni 1852 seinen »zweiten Geburtstag« notierte, von dem an »die bestimmtere Gestaltung meines Charakters als Mensch und Maler« datiere.[10] Das Initiationsmotiv der Wiedergeburt spielt ja auch sonst in seinem Werk eine große Rolle, freilich immer nach fatalem Muster, man denke an das Ende von Max und Moritz oder an den Eispeter. Auch im Leben sollte sich die zweite Geburt als Fehlschlag erweisen.

Bildender Künstler, das war ein Traumberuf des 19. Jahrhunderts; das Künstlerleben, entlastet von den drückenden gesellschaftlichen Einschränkungen, der konventionellen Enge bürgerlicher Lebensweise, faszinierte genauso, wie es der zeitgenössische Künstlerroman verherrlichte. Die Hoffnungen sind aber leicht zu erraten, mit denen ein Zwanzigjähriger aufbricht, dem begrenzten Leben in seiner Heimat und einer prosaischen

10 Tagebuch vom 26. Juni 1852.

Zukunft als Techniker zu entkommen. Für Busch kam ein ihm in dieser Schärfe damals sicher nicht bewusstes Motiv hinzu: Er sehnte sich auch nach einer existentiellen Veränderung, nach einer Verwandlung, die einen neuen Menschen aus ihm machte. Diese ganz normale Wachstumskrise ist für Busch unglücklich verlaufen. Im Konflikt zwischen dem früheren alten Leben, den Anschauungen und dem Lebensstil der Eltern und der angestrebten neuen Existenzweise ist es ihm nicht gelungen, das persönliche Fundament eines künstlerischen Werkes zu bauen, wie es ihm vorschwebte. Die alten Mächte blieben stärker, sie hatten längst in ihm selber ihre Herrschaft errichtet als das permanent schlechte Gewissen, das ihn peinigte und von dem er bezeichnenderweise die großen Niederländer frei wusste. »In dieser kunstberühmten Stadt sah ich zum ersten Male die Werke alter Meister: Rubens, Brouwer, Teniers, Frans Hals. Ihre göttliche Leichtigkeit der Darstellung malerischer Einfälle, verbunden mit stofflich juwelenhaftem Reiz; diese Unbefangenheit eines guten Gewissens, welches nichts zu vertuschen braucht; diese Farbenmusik, worin man alle Stimmen klar durchhört, vom Grundbaß herauf; haben für immer meine Liebe und Bewunderung gewonnen.«[11] Innere Stabilität haben sie ihm nicht gebracht.

»Nach Antwerpen hielt ich mich in der Heimat auf«, bemerken lakonisch die autobiographischen Aufzeichnungen.[12] Die Typhuserkrankung, die die Heimkehr schon im März 1853 erzwang, ging einher mit einem schweren seelischen Zusammenbruch. Auch finanziell war der junge Wilhelm Busch am Ende seiner Möglichkeiten. Diese Katastrophe hat seine ganze spätere Lebensform, seinen Arbeitsstil, seine Empfindlichkeiten geprägt, und sein Werk ist die Chronik seiner Enttäuschungen geworden. Seine Bildergeschichten und Prosastücke und unter einer bestimmten Perspektive auch seine Bilder umkreisen fas-

11 HKA, Bd. 4, S. 208 f.

12 Ebd., S. 209.

ziniert dies Thema des Scheiterns, des großen Anlaufs und seines plötzlichen Abbruchs, der hochfliegenden Pläne und ihrer sicheren Erfolglosigkeit. Paradoxerweise liegt gerade dann auch die Bedingung seiner künstlerischen Größe, wenn sie auch gänzlich anders ausfallen sollte, als er es sich einmal ersehnt hatte: Die Möglichkeit, zum Repräsentanten einer Welt zu werden, die vollständig aus Kulisse und Imitation bestand, wie Piloty, Lenbach oder Makart, diese Rolle blieb ihm versperrt, aber sein Misslingen offenbarte sich mehr und mehr als eine objektive Versagung nach dem Muster, wie es Eichendorffs *Ahnung und Gegenwart,* Mörikes *Maler Nolten* oder Kellers *Grüner Heinrich* (Buschs Lieblingsbuch) vorgezeichnet hatten. Die gesamte Künstleridolatrie in der zweiten Jahrhunderthälfte, speziell dann in der Gründerzeit, erwies sich zunehmend als bloßer Abglanz der Kulissenwelt, deren Scheincharakter Busch zugleich mit seiner Unfähigkeit aufging, sich ihr anzugleichen. Die alten Niederländer in ihrer Unbefangenheit, ihrer unbezweifelten Autorität nahmen nicht nur für sein Strafbedürfnis die Funktion der strengen Eltern wahr, sie überführten das ganze Zeitalter der Lüge und Wesenlosigkeit, offenbarten, dass die glänzende Fassade nur die eigene Nichtigkeit verdecken sollte. Zu einer solchen pompösen Kompensationsleistung war Busch nicht fähig, und sein besonderes schöpferisches Vermögen bestand darin, nicht in Selbstzweifeln zu verharren, sondern, was ihn zu zerstören drohte, zu verwandeln, nach außen zu wenden.

Gewiss, das Misstrauen daran, ob wirklich Liebe und Gerechtigkeitssinn die menschlichen Verhältnisse regeln, ist dem jungen Wilhelm schon als Kind aufgegangen; er sah es in seiner Antwerpener Krise aufs niederschlagendste bestätigt, gerade angesichts der reinen Autorität der alten Meister. Dieses Misstrauen übertrug Busch nicht nur auf alle menschlichen Handlungen, die er von Bosheit, Übelwollen, Hass und Heimtücke bestimmt sah, sondern auf die ganze Welt der Erscheinungen, als deren Beweggründe er ebenso Willkür und Gehässigkeit fand. Wie schon angedeutet, wurde die Philosophie Schopenhauers nur eine späte, obzwar sehr willkommene Bestätigung seiner Lebenserfahrung. Elend und Leid wurzeln in der Blindheit und Vernunftlosigkeit des Weltgrundes, im unersättlichen, unstillbaren Willen hinter allen Phänomenen der Welt. Wohl erst 1867 und angeregt vom Bruder Otto, begann Busch mit seinem Schopenhauer-Studium, aber das war nicht etwa die Geburtsstunde des lachenden Philosophen aus Wiedensahl, wie später vor allem die Neffen Nöldeke nicht müde wurden zu verbreiten. Buschs Schopenhauer-Rezeption ging über die Beschäftigung des Gebildeten mit der Modephilosophie seiner Zeit nicht hinaus, und so ist es ziemlich töricht, über die Angemessenheit oder Oberflächlichkeit dieser Lektüre zu streiten. Busch fand darin zwar etwas sehr Wichtiges, aber abseits aller philosophischen Problemstellungen: nämlich eine Form der Beherrschung seines Unbewussten, die seine Ängste und Konflikte greifbar machte, indem sie ihnen Namen gab und zur Verfassung der Welt insgesamt in Beziehung setzte.

Doch von solchen Erleichterungen war Wilhelm Busch noch weit entfernt, als er in den Schoß der Familie zurückkehrte. Wie mag es ihm ergangen sein? Persönliche Zeugnisse sind wiederum nur spärlich vorhanden, aber viele Rückschlüsse liegen nahe. Die Krankheit hatte die Rückkehr erlaubt, die nächsten eineinhalb Jahre verbrachte er in Wiedensahl und beim Onkel, dem Pastor Kleine, in Lüthorst. Natürlich werden die Eltern versucht haben, ihn zur Fortsetzung und zum Abschluss seines Studiums zu bewegen. Aber dieses Zugeständnis hat Busch sich nicht abringen lassen. Was er statt dessen wollte, wusste er aber nicht recht anzugeben, wenig Möglichkeiten gab es, die ihm behagten. Was also tat er in diesen Monaten? Es überrascht nur auf den ersten Blick. »Was damals die Leute ut oler welt erzählten, sucht ich mir fleißig zu merken«[13] – Busch sammelte Märchen,

13 Ebd.

Sagen, Volkslieder und Sprüche, übte sich, angeregt von dem Lehrersohn Friedrich Warnecke, in heraldischen Forschungen auf Kirchhöfen und in alten Chroniken, zeichnete wohl auch hin und wieder einmal etwas und ließ sich vom Onkel für die Bienenzucht einnehmen. Das sind keine selbstverständlichen Tätigkeiten für einen jungen Mann, der aufgebrochen war, Künstler zu werden. Natürlich war dieser Sammeleifer im Jahrhundert der Brüder Grimm und anderer romantischer Märchenfreunde keine Seltenheit, und Busch war in einer Umgebung aufgewachsen, zu der die Spukgeschichten, die Spinnstubenpoesie, die Märchenerzählungen gehörten, und deren Gestalten werden schon die Phantasie des Knaben genugsam bevölkert und beunruhigt haben. Eben hier liegt aber der tiefere Beweggrund seiner neuen Studien. Auch sie muss man als den Versuch ansehen, einen Weg zurück zu finden, aufs neue den Anfang des Lebensfadens in die Hand zu bekommen, damit er diesmal anders, besser, glücklicher aufgerollt werden könne. Nochmals die Chance bekommen, geboren zu werden, aber unter glücklicheren, unter selbstgewählten Bedingungen, das war also wieder einmal der Beweggrund seiner Tätigkeit, und er trieb ihn an die Quellen der Kindheit zurück. Dazu passt, dass das Ergebnis seines Sammeleifers im späteren Werk kaum Spuren hinterlassen hat, wenn man einmal von den Prosaerzählungen absieht, deren autobiographische Bedeutung die Verwertung märchenhafter Motive geradezu nahelegte. Er war schon ein rechter Unglücksrabe: Als er versuchte, einen Verleger für seine Märchen und Geschichten zu finden, gelang ihm auch das nicht. Er hat sich später nicht wieder darum bemüht. Das Wiederhören und Aufzeichnen der heimatlich-kindlichen Phantasiewelt folgte nach einer schweren Identitätskrise und wurde aufgegeben, nachdem es ihm gelungen war, seine frühesten Erfahrungen auf andere, schöpferische Weise zu rekonstruieren: in der Bildergeschichte, im Medium seiner Zeichnungen und Bilder zumal. Aber damit ist die Bedeutung noch nicht erschöpft, die diese Suche nach der verlorenen Märchenzeit für Busch besaß. Die abergläubischen Vorstellungen, die in ihm wirksam waren, das ganze Ensemble von Hexen, Teufeln und bösen Toten, von Zwergen und wilden Jägern, waren in seiner frühen Welt nicht nur Erreger von Angst und Unsicherheit gewesen, sondern verlässliche, identifizierbare Erscheinungen und Angstvorstellungen, die sonst unerkannt und umso furchtbarer geblieben wären. Die regressive Hoffnung, mit der er sich ihren Geschichten wieder zuwandte, war auch darin begründet, dass er mit ihrer Hilfe seine jetzigen Konflikte und Seelenkämpfe erneut zu identifizieren hoffte, und nach neuer psychologischer Einsicht haben Märchen auch diese Funktion. Denn das Unheil war namenlos über ihn hereingebrochen, es gab niemanden, der es ihm erklärt hätte. So suchte er selber nach Erklärungsmustern, und er suchte sie bezeichnenderweise in den Mittlerfiguren seiner Kindheit.

Anfang November 1854 begann Busch an der Münchner Kunstakademie sein Studium fortzusetzen. Der Entschluss war eine Verlegenheitslösung. An der Akademie hat er sich schon bald nicht mehr blicken lassen, Größenwahn und Prunksucht, der Schwulststil der Zeit, der dort herrschte, stießen ihn ab. »Mein *genre* ist *genre*«[14] – er vertiefte sich in die Kleinwelt der Niederländer, versuchte ihnen nachzueifern, aber auch das zunächst unentschieden; einige Gemälde, *Am Acheron* oder *Walpurgisnacht,* verraten den Einfluss der Münchner Malerschule. Nein, Busch wusste längst noch nicht, was er eigentlich wollte, er hat es nie gewusst. Wie der Bauernjunge Peter in seiner allegorischen Erzählung *Der Schmetterling* trieb er sich ziellos in einer freilich reduzierten Weltgeschichte herum, um schließlich zurückzukehren und als eine Art kultureller Flickschneider sein Auskommen zu finden. So jedenfalls sein Selbstver-ständnis, das später nicht ohne Selbstbewusstsein war, wie der Schluss vom *Schmetterling* lehrt: »Durch reichhaltige Übung steigerte

14 *Briefe*, Bd. 1, S. 139.

sich meine Geschicklichkeit nicht bloß in der Wiederherstellung des Alten und Verfallenen, sondern ich schuf auch Neues nach eigener Maßnahme aus dem Vollen und Ganzen heraus.«[15]

Die fast eineinhalb Jahrzehnte seiner Münchner Zeit sind gezeichnet durch seelische Nöte und äußere Unstetheit; insgesamt sind es vielleicht nur vier bis fünf Jahre, die er davon wirklich in Süddeutschland verbracht hat, die meiste Zeit war er zu Hause, in Lüthorst oder Wolfenbüttel beim Bruder, sonst verweilte er viele Stunden in den Künstlergesellschaften »Jung-München« und »Allotria«, füllte deren Karikaturenbücher und Scherzzeitungen und wurde daraufhin vom Verleger der *Fliegenden Blätter* und *Münchner Bilderbogen,* Kaspar Braun, zur Mitarbeit gewonnen. Natürlich zeichnete und malte er auch neben und unabhängig von diesen Beschäftigungen und Tätigkeiten, aber er tat es fast heimlich, unter Ausschluss der Öffentlichkeit und der Kritik, vieles vernichtete er wieder, kaum dass es entstanden. Jahre des Suchens, Jahre, in denen er in ganz verschiedene Scheinidentitäten schlüpfte: als Auswanderer wollte er sich versuchen, in Brasilien Bienenzüchter werden (1857), dann schrieb er ein Stück *Einer hat gebimmelt und alle haben gebummelt,* betätigte sich als Laiendarsteller, Theaterzettelautor und -gestalter, wurde schließlich, nach 1858 fast ausschließlich, Karikaturist, Illustrator, Bildergeschichtenerzähler. Diese Rollen erwiesen sich alle als mehr oder weniger brüchig, angesichts neuer Krisen gab er sie auf, veränderte sie, beständig blieb nur das Verhältnis zu Kaspar Braun; der ökonomische Zwang mag hier geholfen haben, trotz aller Selbstwertkrisen, trotz der zuzeiten abschätzigen Einstellung zu dieser Brotarbeit nicht auch diese Tätigkeit abzubrechen.

Eine Wende in Wilhelm Buschs Leben schien sich anzubahnen, als er im Jahre 1867 von seinem (übrigens äußerst sittenstrengen) Bruder Otto in die Familie des Frankfurter Bankiers Keßler eingeführt wurde. Ein Jahr später schon zog er nach

15 HKA, Bd. 4, S. 262.

Frankfurt, lebte zunächst als Gast in der Villa an der Bockenheimer Landstraße, bezog dann ein eigenes Atelier im Hinterhaus, das später durch einen eigenen Haushalt ergänzt wurde. Damit war eine Frau in Buschs Leben getreten, über deren Bedeutung für seine Zukunft kein Zweifel bestehen kann, wenn sie auch keineswegs sehr segensreich gewirkt hat. Auch über dieses Kapitel in seiner Biographie sind wir übrigens nur sehr unzureichend unterrichtet und auf die eigene Findigkeit angewiesen. Johanna Keßler war 36 Jahre alt, als Busch sie kennenlernte, also ein Jahr älter als er selber und bereits Mutter mehrerer Kinder; die Ehe, wohl eher aus Zweckgründen denn aus Neigung geschlossen, gab ihr die Chance zu mäzenatischer Betriebsamkeit, und Busch wurde schnell ihr bevorzugtes Sorgenkind.

Buschs seelische und emotionale Verfassung muss in jenen Jahren sehr vielspältig gewesen sein. Vorherrschend von Anfang an, und der erste Brief vom 18. Mai 1868 verrät viel davon: Verehrung, Zuneigung, in die sich aber schon erste Liebesempfindungen mischen. Von der »Abkühlung nach all dem Frühlingssonnenschein« in Frankfurt ist da metaphorisch die Rede, dann folgt die Versicherung, dass beim abermaligen Besichtigen der alten Heimatstätten die »Herzen und Namen, welche ich einst der Rinde schlanker Buchen anvertraut, […] längst vernarbt« sind; im »weichen, grünen Moos«, den Waldvögeln lauschend, gedenkt der Briefschreiber »der verschlungenen Wege und wie Sie wohl selber drin umhergehen«, und – die charakteristische Mischung für Busch – »ein Gefühl von Reue und Sehnsucht« überkommt ihn, wenn er daran denkt, wie schnell er fortreiste.[16] Reue und Sehnsucht, Liebesbedürfnis und Schuldgefühle sind die Pole dieses Verhältnisses geblieben, in dem sich für Busch der ödipale Konflikt seiner Kindheit wiederholte, nämlich der Widerstreit zwischen dem Wunsch, die Fürsorge und das Vertrauen der Mutter zu gewinnen, und dem sinnlichen Verlangen

16 *Briefe*, Bd. 1, S. 46.

nach ihrem Besitz. Schon in diesem ersten Brief mit seiner Beschreibung von Frühlingsempfindungen, dem Hinweis auf alte »längst vernarbte« Bindungen und der Vision der Mutter, die durch den Garten auf verschlungenen Wegen wandelt, begleitet von »freundlichen Kindergestalten«, mischen sich erlaubte und gefährliche Assoziationen. Von Anfang des Jahres 1875, zwei Jahre, bevor der enttäuschte Busch seine Beziehung zu Johanna Keßler für mehr als eineinhalb Jahrzehnte abbricht, datieren einige Briefe, die für die unglückliche Liebesgeschichte recht aufschlussreich sind. »Liebe Tante!«, schreibt Busch am 12. Februar: »Ihre freundlichen Zeilen und die der Kinder erhielt ich heut Mittag. – Sie vertraun dem milden Einfluß der Zeit. Wohl und gewiß! Aber doch, derweil wir wandeln, geht all das Gute, was wir nicht gethan und all das Liebe, was wir nicht gedurft, ganz heimlich leise mit uns mit, bis daß die Zeit für dieses Mal vorbei. Es weht der Wind; das Schneegestöber hüllt mir Wald und Feld und Garten ein. Ich wollt ich wär ein Eskimo, säße hinten am Nordpol, tief unter der Schneekruste, tränke Leberthran und könnte mich wärmen, an Was ich möchte. Bei Ihnen brennt's Feuer im Kamin. Da säß ich auch recht gern.«[17] Wenn man Buschs Briefstil der andeutenden, anspielungsreichen, uneigentlichen Rede kennt, kann es keinen Zweifel am Charakter dieses Schreibens geben. Ein Liebesbrief, voller Resignation und Bitterkeit und mit nur noch geringer Hoffnung. Er nimmt ganz offenbar auf ein Ereignis Bezug, das die Anerkennung der gegenseitigen Zuneigung über ein bloßes Freundschaftsbündnis hinaus zur Folge hatte. Wobei die für Busch charakteristisch vielsagenden Naturbilder nicht schwer zu entschlüsseln sind als objektive Korrelate zu inneren seelischen Zuständen. Kälte, Vereisung, Frostigkeit erscheinen als Reaktionen auf einen erzwungenen Verzicht, den besonders Johanna Keßler betrieben hatte. Die sittenstrenge Frau – als Erzieher ihrer Kinder hatte sie

17 Ebd., S. 131.

den recht puritanischen Otto Busch gewonnen, und auch die »fromme alte Jungfer, die einer christlichen Sekte angehörte«[18] und Wilhelm Busch den Haushalt in der leerstehenden Kutscherwohnung im Hinterhause bei Keßlers führte, wird ihre Wahl gewesen sein –, Johanna Keßler jedenfalls war nicht bereit, bei aller Sympathie, allen ehrgeizigen Hoffnungen, die sie für ihren Schützling hegte, seinen sinnlichen Wünschen nachzugeben. »Liebe gute Tante!« beginnt auch der nächste Brief vom 13 März. »Ist's bei Ihnen denn schon Frühling geworden? Hier weht Einem noch immer der alte kalte Ostwind in den Nacken, daß man gern das freie Feld vermeidet und lieber hinter den warmen Ofen kriecht.«[19] Dort Frühling, hier Winter, Sehnsucht nach Wärme, Liebe, Geborgenheit, die aber immer nur erkältet wird. (Auch die Hexe Lucinde bläst dem verzauberten, dann aber unter so peinlichen Umständen entzauberten Peter im *Schmetterling* zum Abschied mit dem Blasbalg, den sie vom Herd genommen, »eiskalt ins Genick«[20], ein Motiv, das sich in mehreren Variationen in Buschs Werk findet und immer mit Todesvorstellungen verknüpft wird – auf eine parallele Gestaltung durch Böcklin habe ich an anderer Stelle verwiesen.)[21] Wenn man diese Briefe Buschs liest, kann man sich kaum von Rührung freimachen, so hilflos und so dringlich sind die Klagen, die verkappten Hilferufe eines Mannes, dem immer Liebe gefehlt hat und für den dieser Mangel zum schlimmsten Defekt im Leben geworden ist.

Die Bindung an Johanna Keßler verrät mehr von den Verwirrungen seines Trieblebens als die anderen Liebesverhältnisse Wilhelm Buschs, die entweder gar nicht zur Entfaltung kamen

18 Karl Anlauf, *Der Philosoph von Wiedensahl. Der völkische Seher Wilhelm Busch* [sic!], Berlin 1939, S. 60.

19 *Briefe*, Bd. 1, S. 134.

20 HKA, Bd. 4, S. 252.

21 Gert Ueding, *Wilhelm Busch – Das 19. Jahrhundert en miniature*, Frankfurt a. M. ²1986, S. 265 ff.

(Maria Anderson) oder an äußeren Umständen frühzeitig scheiterten (Anna Richter – »Ein hübsches Kind, das ich da wieder fand, bot mir auf's neue manch heimlich-gute Stunde«)[22] oder gar über die Andeutung nicht hinausführten (Nanda Keßler). Ja, lässt man die Reihe der bekanntgewordenen Frauen im Leben Buschs Revue passieren, dann fällt auf, dass er sich für seine Liebeswünsche stets mehr oder weniger aussichtslose Ziele gesucht hat: die 17jährige Anna Richter, deren reicher Vater ein von vornherein unüberwindliches Hindernis darstellte, die verheiratete Bankiersfrau, die intellektuelle Schriftstellerin Maria Anderson, die schon als Briefpartnerin jede weibliche Note vermissen ließ, also gerade das nicht besaß, worauf er den meisten Wert legte, schließlich, im Alter, die durch den Abstand der Jahre, durch Konventionen und die Freundschaft mit der Mutter unerreichbar gewordene Nanda Keßler. Auch diese Gefühlsentscheidungen beruhten wieder auf sehr ambivalenten Voraussetzungen. Sie sollten unerfüllt bleiben, weil Wilhelm Busch ja immer noch auf der Suche nach einer Mutter war, die er lieben konnte und die ihn liebte, die Verantwortung und Zärtlichkeit in ihm weckte.

Wie gefährdet seine Sicherheit war, wie zerbrechlich die äußere Haltung, können wir nur aus wenigen Zeugnissen erschließen. Dazu gehört eine vieldeutige Begebenheit kurz vor Buschs 50. Geburtstag. Man stelle sich vor, ein skrupulöser, zurückhaltender, nur in kleinem Kreise gesellig-freundlicher Mann, ein Mann, der einsam und isoliert zu leben gewohnt ist, die Blicke anderer Menschen fürchtet, der zu Scheu und Scham erzogen wurde und dessen gelegentlich zur Schau getragenes Selbstbewusstsein mühsam errungene Fassade ist, ein solcher Mann verhält sich angetrunken und daher enthemmt im Beisein seiner Freunde derart provozierend und flegelhaft: »Busch zog der einen Schwester Lenbachs hinterrücks den Stuhl fort, als sie sich eben setzen wollte, rief Hansen [dem Hypnotiseur, zu dessen

22 *Briefe*, Bd. 1, S. 30.

Vorführung sie alle gekommen waren] laut zu, seine Vorführungen könne er ebenso gut machen, sie seien Schwindel, als man sich dann zum gemeinschaftlichen Essen begab, riß er mir den eben aufgetragenen Käse vom Teller und warf ihn über die Köpfe der Umsitzenden hinweg an die Wand.«[23] Bei diesem von dem Freunde Bassermann aufgezeichneten Vorfall vom 11. April 1881 war Busch 49 Jahre alt. Alle bisherigen Deutungen gehen an dem entscheidenden Kern des Ausbruchs vorbei, der Wilhelm Buschs Münchner Zeit endgültig abschließen sollte; er verließ die Stadt am nächsten Morgen und kam nie wieder. Dieses Ereignis steht im Kontext anderer signifikanter Geschehnisse, die sich alle in diesem Jahr zugetragen haben. Im Februar hatte dieser immer exzessive Raucher eine Nikotinvergiftung notdürftig überstanden, so dass die selbstzerstörerischen Folgen dieser lieben Gewohnheit unübersehbar wurden; im Herbst, dann schon in Wiedensahl, überfielen ihn erneut Krankheit und Depression; das chronische Magenleiden, das der Arzt diagnostizierte, ist die somatische Erscheinung all der Krisen der vergangenen Jahre und brach natürlich in diesem für ihn auch sonst so katastrophalen Jahr aus! »Auch mir fängt's an ungemüthlich zu werden in dieser Welt«, schrieb er im November an Marie Hesse, die Bekannte aus den Borkumer Ferientagen von 1881. »Ich leide wieder, wie im Frühjahr, an Appetit- und Schlaflosigkeit. Wer die letztere kennt, weiß, was für ein böses, verdrießliches, endloses Chaos einen Menschenkopf beunruhigen kann. Meine alte Philosophie langt nicht mehr aus, ich sehe mich nach einer neuen um.«[24]

Im Kern der ganzen Schwierigkeiten und Krisenzustände dieses Jahres steht der Münchner Skandal, eine Schlüsselszene für Buschs seelische Verfassung an dieser Schwelle seines Le-

23 Zit. nach: Walter Pape, *Wilhelm Busch*, Stuttgart 1977 (Sammlung Metzler, 163), S. 46. Bassermanns Notiz befindet sich im Wilhelm-Busch-Museum Hannover.

24 *Briefe*, Bd. 1, S. 225.

bens. Darin zeigt sich nicht bloß Ärger über die Darbietung Hansens, in der schwindelhaften Existenz des Hypnotiseurs mag ihm vielmehr die Diskrepanz zwischen Schein und Sein im eigenen Leben, die Fragwürdigkeit seiner ganzen Existenz bewusst geworden sein. Seit 1877 hatte Busch in München wieder ernsthaft zu malen begonnen, ein letzter Versuch, den verzehrendsten Wunsch seines Lebens zu erfüllen; aber bald schon war das gesellige Leben an die Stelle der Arbeit getreten. Das Gefühl der Unechtheit, die anhaltende Arbeitsunfähigkeit stellten sein mühsam errungenes Gleichgewicht täglich in Frage, und in einem geeigneten Augenblick brach die ganze Fassade zusammen. Dieser Mann da vorne, der sich anmaßte, die Menschen willenlos hörig zu machen, ließ die schlimmsten Erinnerungen seiner Kindheit wieder lebendig werden: Dressurakte, die er verabscheute. Indem er nun aus der Rolle fiel in ein ganz negatives, unerwünschtes Verhaltensmuster, fiel er auch zurück in die längst überwundenen Widerstandsformen, er wurde ungezogen wie einst. Spott, Rachsucht, Hohn mischten sich in seinem Ausbruch, sein Protest besaß noch denselben hilflosen Charakter wie einst. So hatte er sich in eine seinem Selbstverständnis nach unhaltbare gesellschaftliche Situation hineinmanövriert und war in München, in seinen Kreisen, »unmöglich« geworden. Er fuhr nach Wiedensahl zurück, wo er schon 1879 zur Schwester ins Pfarrwitwenhaus gezogen war: sein ständiger Wohnsitz bis 1898, bis er nach Mechtshausen ins Pfarrhaus übersiedelte, wo sein Neffe Otto Nöldeke als Pfarrer amtierte und Onkel und Tante zu sich holen konnte. »Rück ich dann wieder in mein gutes, einsames Wiedensahl, so fühl ich: nur hier ist meine angestammte und angewöhnte Heimstätte – um die mich freilich Wenige beneiden werden.«[25]

Auch diesmal verlässt ein Gescheiterter die Walstatt seiner inneren Kämpfe, aber erstmals hat Wilhelm Busch aus einer Ka-

25 Ebd., S. 200.

tastrophe auch dauernden Gewinn für sein Leben gezogen: Er hat die Begrenzungen anerkannt, seinen Ort gefunden und sich nach seinen Möglichkeiten einzurichten begonnen. Resignation ist dafür ein zu einfaches Wort. Es war ein Rückzug, aber in eine Stellung, die mit viel Mühen und Anfechtungen wenigstens haltbar war und die ihm überhaupt das Leben erträglich machte. Ein dauernd gefährdetes, nicht selten gestörtes Gleichgewicht war die Folge, wie prekär, das zeigen manche seiner Gewohnheiten, die Menschenscheu, die Konsequenz, mit der er jedem seiner Freunde den Besuch in Wiedensahl verwehrte, die Herstellung der Familiengemeinschaft mit der Schwester im Pfarrwitwenhaus. In Wiedensahl versteckte sich Busch vor den Augen der Welt (den Ausdruck Versteck gebraucht er selber mehrfach für seine Domizile), er kroch zurück an den Ort seines Ursprungs, geschlagen, aber doch leidlich im Frieden mit seiner Vergangenheit, dafür in einem neuen Kampf: mit der Todesangst, die nun immer machtvoller wurde. Aus Lebensangst wurde Todesangst, sie verursachte die Abwendung von Schopenhauer, die mystischen Studien seiner späten Jahre, schließlich jene vanitas-vanitatum-Weltsicht, in der äußere Isolierung und innere Leere ihren Ausdruck finden. Der Lähmungszustand, der schließlich an die Stelle seiner schöpferischen Rekonstruktionen früher Erlebnis- und Gefährdungsphasen tritt, ist das letzte Stadium in diesem Prozess. Es wird immer als eine ganz außergewöhnliche Leistung angesehen werden müssen, dass es ihm in den letzten Jahren dann trotz aller Verzweiflung und Todesschrecken offenbar gelungen ist, jene Ruhe zu erlangen, die zwar erschüttert, aber nicht mehr aufgehoben werden kann, weil sie aus der endlich gelungenen Bejahung des vergangenen Lebens rührt. »Ich stehe auf der Grenze von Hier und Dort, und fast kommt es mir vor, als ob beides daßelbe wäre«, schreibt er, zwei Wochen vor seinem Tode, am 23.12.1907.[26]

26 *Briefe*, Bd. 2, S. 274.

Summa summarum: Teilnahme am Leben war Wilhelm Busch nur möglich unter schwersten Angst- und Schuldgefühlen; Absonderung, Isolation bedrohten ihn dagegen mit Erstarrung und Leblosigkeit. Auf der einen Seite die Zerrbilder einer existentiellen Unsicherheit; auf der anderen Seite die Bindung an Herkunft und Heimat, der Zwang, die beleidigten Eltern durch nachträglichen Gehorsam immer wieder zu versöhnen. Zwischen Scylla und Charybdis richtete er sich ein, um zu arbeiten, zu zeichnen, zu malen, zu dichten. Welch ein Risiko und welch ein Mut der Verzweiflung gehörten dazu, es täglich erneut einzugehen – welch ein Leidensgesicht verbarg sich hinter der Miene des deutschen Haushumoristen! Manchmal glaube ich, auch gegen meine eigene frühere Auffassung, dass sein Publikum, das ihn so verherrlichte, doch auch eine Ahnung dieses zweiten Gesichts hatte, ja, dass darin vielleicht der tiefere Grund seines Erfolges zu suchen ist. Es fühlte sich in der Komik und Heiterkeit Buschs ernst genommen, nahm ihm alle Verspottung, selbst die höhnische Verzerrung nicht übel, weil dann Leiden, seines und das aller anderen, sichtbar wurde und das selbst gröbere Naturen verspüren mochten, wenn auch als dumpfes, unausgemachtes Unbehagen, als drückende Last, gegen die man sich abstumpfen konnte, die man aber nie verlor. Busch hat sich diesen Ausweg, der keiner ist, nie gestattet, er hat gegen die Versuchung angekämpft mit den schwachen Mitteln, die ihm gegeben waren, und er hat in der Kunst einen mächtigen Verbündeten gefunden. Gegen Ende seines Lebens hatte er zuletzt das Ziel erreicht und jene Selbständigkeit gewonnen, die ihm einmal zum Studium in Antwerpen unter den Augen der alten Meister nötig gewesen wäre, um nicht von ihnen geduckt zu werden. »Derweil, während gänzlicher Windstille, saß ich ein Stündchen draus vor der Thür und raucht mein Pfeifchen und betrachtete die stummen schwarzen Gestalten der Bäume. Es kam mir vor, als säße in mir doch mehr Freiheit und schwunghaftes Leben.« Ein schönes Bild und ein befriedigender Anblick.

Ein Leben hat er gebraucht, um den schwarzen Schatten, die ihn immer bedrohten, ein Territorium abzugewinnen, das ihm eine gelöste, freie Beziehung zur Welt und zu sich selber ermöglichte. Der Brief, in dem die Summe seiner Anstrengungen, seiner Kunst und seiner persönlichen Kämpfe steht, ist vom 12. Mai 1907 datiert. Am 9. Januar 1908 ist Wilhelm Busch gestorben. »Viel Grünfutter, ein Bißel Liebe, dann ist's für diesmal vorbei mit ihm«, beschrieb er im selben Brief die Lebenserwartungen eines Maikäfers, der ihm gerade zugeflogen war. »Aber tausend Jahre, von hinten besehn, sind wohl auch nicht viel mehr.«[27]

27 Ebd., S. 262.

Zeittafel

1832	Am 15. April wird Heinrich Christian Wilhelm Busch in Wiedensahl (einem Dorf zwischen Hannover und Minden) geboren.
1841	In Ebergötzen, wo Busch von seinem Onkel, Pastor Georg Kleine, erzogen wird und Unterricht erhält.
1844	Im Sommer Besuch bei den Eltern.
1846	Umzug mit dem Onkel nach Lüthorst.
1847	Im Herbst Beginn des Studiums an der Polytechnischen Schule in Hannover, der heutigen Technischen Universität.
1851	Abbruch des Studiums; ab Juni an der Kunstakademie Düsseldorf.
1852	Ab Mai Studium an der Königlichen Akademie der schönen Künste in Antwerpen.
1853	Im März Zusammenbruch und Typhuserkrankung, anschließend Rückkehr nach Wiedensahl.
	In Wiedensahl und Lüthorst volkskundliche Studien; Busch beginnt Märchen, Sagen und Volkslieder zu sammeln.
1854	Ab November Studium an der Königlichen Akademie der Künste in München.
1855–58	Wechselnder Aufenthalt in Brannenburg, Wiedensahl, Lüthorst und München.
1858	Ab Oktober ist Busch Mitarbeiter der *Fliegenden Blätter*.
1859–67	Wechselnder Aufenthalt in München, Wiedensahl und Wolfenbüttel; literarische Gelegenheitsstücke (Operetten, Singspiele) für den Künstlerverein, Mitarbeit an den *Fliegenden Blättern*.
1864	*Bilderpossen*.
1865	*Max und Moritz*.

1867	Erster Besuch im Hause des Bankiers Keßler in Frankfurt; Beginn der Freundschaft mit Johanna Keßler.
1867–68	Aufenthalt in Wiedensahl, Lüthorst, München und Frankfurt.
1869	*Schnurrdiburr.*
1869–72	Wohnsitz in Frankfurt.
1870	*Der Heilige Antonius von Padua.*
1872	*Die fromme Helene.* *Bilder zur Jobsiade.* *Pater Filucius.*
1872	Umzug nach Wiedensahl. Busch wohnt bei seiner Schwester Fanny Nöldeke im Pfarrhaus.
1872–79	Busch lebt abwechselnd in München, Wiedensahl und Wolfenbüttel.
1873	*Der Geburtstag oder die Partikularisten.*
1874	*Kritik des Herzens.*
1875	Briefwechsel mit der holländischen Schriftstellerin Maria Anderson.
1875–77	*Knopp*-Trilogie.
1877	Bruch mit Johanna Keßler.
1878	*Die Haarbeutel.*
1879	Umzug mit der Schwester ins Pfarrwitwenhaus, das, von gelegentlichen Reisen abgesehen, Buschs fester Wohnsitz wird. *Fipps, der Affe.*
1882	*Plisch und Plum.*
1883	*Balduin Bählamm.*
1884	*Maler Klecksel.*
1886	*Was mich betrifft.*
1891	*Eduards Traum.* Versöhnung mit Johanna Keßler.
1895	*Der Schmetterling.*
1896	Busch stellt seine Malerei ein.

1898	Übersiedlung nach Mechtshausen.
1904	*Zu guter Letzt.*
1908	Busch stirbt am 9. Januar in Mechtshausen an Herzschwäche. *Hernach*, hrsg. von Otto Nöldeke.
1909	*Schein und Sein*, hrsg. von Otto Nöldeke.

Inhalt

RECLAM TASCHENBUCH Nr. 20594
1988, 2007, 2020 Philipp Reclam jun. GmbH & Co. KG,
Siemensstraße 32, 71254 Ditzingen
Umschlaggestaltung: Anja Grimm Gestaltung
Umschlagabbildungen: © ART Collection / Alamy Stock Foto (Hühner);
© akg-images (Max & Moritz)
Umschlagmaterial: SURBALIN board lissé 270 g/m², peyer graphic gmbh
Druck und Bindung: GGP Media GmbH,
Karl-Marx-Straße 24, 07381 Pößneck
Printed in Germany 2024
RECLAM ist eine eingetragene Marke
der Philipp Reclam jun. GmbH & Co. KG, Stuttgart
ISBN 978-3-15-020594-5

Auch als E-Book erhältlich

www.reclam.de

MIX
Papier | Fördert
gute Waldnutzung
FSC® C014496